本书由教育部人文社会科学研究青年基金项目"虚拟……的影响机制及伦理规范研究"（23YJCZH172）资助出版

知识付费背景下
在线顾客
契合行为研究

秦 芬 著

知识产权出版社
全国百佳图书出版单位
—北京—

图书在版编目（CIP）数据

知识付费背景下在线顾客契合行为研究 / 秦芬著 . 北京：知识产权出版社，2024.8.

ISBN 978-7-5130-9427-6

Ⅰ . F713.55

中国国家版本馆 CIP 数据核字第 2024YU3023 号

内容提要

本书从营销和顾客管理视角探讨如何促进知识付费行业的发展，主要内容包括：知识付费的定义和形式，顾客契合行为的分类和测量，个人非交易型、互动非交易型、购买自用型和购买赠送型四类顾客契合行为的影响机制分析。

本书可作为知识付费行业从业者、用户信息行为研究者的参考用书。

责任编辑：曹婧文   责任印制：孙婷婷

知识付费背景下在线顾客契合行为研究

ZHISHI FUFEI BEIJING XIA ZAIXIAN GUKE QIHE XINGWEI YANJIU

秦　芬　著

出版发行：**知识产权出版社** 有限责任公司	网　　址：http：//www. ipph. cn		
电　　话：010-82004826	http：//www. laichushu. com		
社　　址：北京市海淀区气象路 50 号院	邮　　编：100081		
责编电话：010-82000860 转 8763	责编邮箱：laichushu@cnipr. com		
发行电话：010-82000860 转 8101	发行传真：010-82000893		
印　　刷：北京中献拓方科技发展有限公司	经　　销：新华书店、各大网上书店及相关专业书店		
开　　本：720mm×1000mm　1/16	印　　张：14		
版　　次：2024 年 8 月第 1 版	印　　次：2024 年 8 月第 1 次印刷		
字　　数：210 千字	定　　价：68.00 元		
ISBN 978-7-5130-9427-6			

前　言

知识付费是知识需求者通过移动互联网向知识提供者购买求知目的明确、碎片化的知识产品或服务。2016 年以来，知识付费行业迅速发展，与知识付费相关的研究成果也不断涌现，但鲜有学者从营销和顾客管理视角探讨知识付费行业的发展。契合是新时期顾客管理的目标，它包含认知、情感、行为三个维度，顾客与企业、顾客与顾客、顾客与潜在顾客通过互联网进行的交互被称为在线顾客契合行为。本书以知识付费为背景，根据契合程度的递增，综合运用回归分析、扎根理论和结构方程模型方法，系统分析了四类在线顾客契合行为：个人非交易型（在线知识社区中的阅读和收藏）、互动非交易型（社交媒体学习打卡）、购买自用型（付费围观）和购买赠送型。个人非交易型顾客契合行为只需投入时间和精力，它体现的用户契合程度最低；互动非交易型顾客契合行为无须投入金钱，但需投入社交网络资源或知识储备进行社会互动，它体现的用户契合程度较高；购买自用型顾客契合行为需投入金钱，但无须投入社交网络资源，它体现的用户契合程度次高；购买赠送型顾客契合行为需投入金钱和社交网络资源，它体现的契合程度最高。具体研究工作如下：

第一，探讨了内容特征对个人非交易型在线顾客契合行为的影响。阅读和收藏是典型的个人非交易型在线顾客契合行为，本研究在相关部分以一个知识型微信公众号的真实数据为研究对象，通过负二项回归模型，分析标题特征和内文内容特征对朋友圈阅读、公众号会话阅读、总阅读和收藏行为的影响。结果表明：标题的感知情感价值和感知信息价值均影响总阅读数，但是两者的影响机制不同，感知情感价值正向影响公众号会话阅读数，感知信息价值正向影响朋友圈阅读数；标题中包含积极情绪影响所有渠道的阅读数，且从效果大小来看，它在朋友圈中的影响要大于在公众号会话中；标题关注度和长度负向影响公众号会话阅读数，但这两个变量并不影响朋友圈阅读数；帖子的生动性正向影响用户阅读数和收藏数；作者的活跃度负向影响朋友圈阅读数和总阅读数；只考虑内文内容特征，不考虑标题特征时，帖子的长度和原创性正向影响收藏数。

第二，定性分析了互动非交易型顾客契合行为——社交媒体学习打卡的影响因素。知识付费背景下的"打卡"是用户在社交媒体上持续分享与知识相关的内容以记录其学习进度或者成果。通过扎根理论，本研究在相关部分识别了四类打卡行为：公开型打卡、社群型打卡、策略型打卡和私人型打卡，用户层面的因素（社交性结果、情感性结果、功用性结果、习惯、个体特征、资源可得性、情感契合），组织层面的因素（组织奖励、分享机制和员工交互）和社会环境层面的因素（主观规范和社会交互）会影响用户的打卡行为。

第三，四类打卡行为体现的顾客的契合程度有差异，本研究又以朋友圈为背景，通过问卷调查和结构方程模型，深入探讨了公开打卡这种契合程度较高的互动非交易型顾客契合行为。研究结果表明：帮助他人的愉悦感、自我强化和自律这三种感知价值正向影响用户在朋友圈中持续公开打卡的意愿；感知社交成本负向影响用户在朋友圈持续公开打卡的意愿；经济奖励易使用户对打卡产生负面评价，但能正向调节帮助他人的愉悦感对打卡意愿的影响。

第四，付费围观是一种购买自用型顾客契合行为，本研究利用微博问答中健康医疗、财经、互联网资讯三个领域的 14，167 条样本，采用广义最小二乘法（GLS），依据信息觅食理论，验证各因素对围观行为的影响机制。结果发现：问题的提问价格和描述的详细程度正向影响围观数；互联网资讯领域问题的围观数多于健康医疗和财经领域问题，但该领域答主回答问题数的均值低于其他两个领域；健康医疗领域中答主的受喜爱程度并不正向影响围观数；问题描述中体现的情感在健康医疗领域比较重要，正向情感正向影响围观数，负向情感负向影响围观数。

第五，探讨了非交易型顾客契合对交易型顾客契合行为——赠送的影响。本研究在该部分以感知价值为中介变量，用结构方程模型探讨了非交易型顾客契合——在线知识社区中的顾客契合对赠送行为的影响。结果表明：用户在在线知识社区中越契合，其感知互联网知识产品的知识价值越高、价格越公平，并认为赠送互联网知识型产品是愉悦的、有利于关系支持；知识价值能正向影响互惠价值，它还正向显著影响感知关系支持；关系支持、愉悦感和互惠价值直接作用于赠送意愿，知识价值通过关系支持和互惠价值间接影响赠送意愿，感知价格公平并不影响用户的赠送意愿；在在线知识社区中的顾客契合对赠送意愿的影响中，感知愉悦感和关系支持起完全中介作用。

通过以上分析，本书系统探讨了知识付费背景下在线顾客契合行为的影响机制，在丰富知识付费和顾客契合相关理论成果的同时，为互联网知识服务商的营销和顾客管理提供了指导。

目　　录

参考文献 // 188

第一章 绪 论

第一节 研究背景及研究问题

一、研究背景

随着互联网的普及和发展，人们获取信息和知识的方式发生了深刻变化。传统的学习方式正在被在线学习和数字化教育所取代。在这个过程中，互联网知识付费成为一种新兴的商业模式，它改变了人们获取知识的方式，也为创作者提供了新的收入来源。为知识付费并不是一种新现象，如上课外辅导班、购买图书等也是知识付费，但 2016 年左右"知识付费"才作为专有名词被提出，它指知识需求者通过移动互联网向知识提供者购买求知目的明确、碎片化的知识产品或服务。2016 年，互联网知识付费成为资本追逐的一个热点，根据 IT 桔子数据，2016 年作为知识付费细分领域之一的媒体及阅读企业获得 254 笔融资。在线教育平台、自媒体平台、在线问答社区等各类企业都开始涉足知识付费：果壳网推出了语音问答产品"分答"，用户可以向平台中注册的专家付费提问，非提问用户可付费"偷听"；媒体人罗振宇及其团队推出了"得到"App，包括年度订阅专栏、"每天听本书"等产品，听书产品是用 30 分钟左右的时间解读一本书；社会化问答网站知乎推出了付费问答功能"值乎"和语音实时问答产品"知乎 Live";音频分享平台喜马拉雅联合马东打造了课程"好好说话",并举办了第一届"123 知识狂欢节";自媒体平台微信公众号和在线社区豆瓣都推出了给原创知识生产者打赏的功能。此后,互联网知识产品形式越来越丰富,综合知识付费行业也展现出巨大的市场潜力,除了喜马拉雅、得到等垂直类知识付费平台,百家号、抖音、快手、今日头条等综合类平台也推出了知识付费功能。从用户规模来看,至 2023 年 9 月 30 日,知乎的注册用户数超过 2.2 亿,平均月活跃用户数达到了 1.105 亿,喜马拉雅全场景音频月活跃用户数达到 3.45 亿,艾媒咨询(2023)预测,到 2025 年,中国将有6.4 亿人参与知识付费。从市场规模来看,根据中国报告网和《2023 年中国知识付费行业报告》的数据,2017 年中国知识付费行业市场规模约为 49.1 亿元,2018 年为 86.3 亿元,2021 年为 675 亿元,2022 年达到 1126.5 亿元,是 2017年市场规模的 22 倍多,预计到 2025 年,中国知识付费市场规模将达到 2808.8亿元。

互联网知识付费行业的迅速发展是需求、供给、技术多方面共同作用的结果。从需求角度来看,第一,传统的知识交付形式(如出版业和教育业)以大量知识交付为主,而人的时间越来越碎片化,人们需要新的知识交付形式。第二,大众的消费观也逐渐从生存型消费升级至发展型消费(杜丹清,2017),越来越多的用户愿意为视频、音乐等在线内容付费(严建援 等,2019)。第三,数据大爆炸使大众从互联网获取有价值信息的成本越来越高,大众开始偏好通过高质量信息源获取信息。第四,用户通过移动端阅读内容的习惯逐渐形成。从供给角度来看,第一,免费的知识供给平台(如知识型自媒体、社会化问答网站、知识型音频分享平台)积累了大量的知识分享者和愿意为高质量知识产品付费的潜在消费者。第二,随着流量成本的提升和用户对广告厌恶的加深,免费的知识供给者迫切需要新的盈利模式。第三,作为知识高度专业化的在线社区,知识型社区的发展主要依赖于知识盈余者的自愿贡献，但是，随着知识盈余者关注人数的增加和声誉的逐渐形成，其贡献知识的内在动机逐渐下降，这导致社区内容贡献不足（Chen et al.，2018），社区运营者需采取措施以激励知识盈余者持续贡献高质量内容，经济激励是一种重要手段（秦芬 等，2018）。从技术角度来看，第一，社交媒体技术的发展为互联网知识付费行业的萌芽提供了沃土。得到 App 的创始人之一罗振宇成名于优酷视频和微信公众号罗辑思维，知乎本身就是一个在线知识社区，微信公众号属于自媒体平台，不管是微信公众号、在线知识社区，还是视频分享平台都属于社交媒体技术的应用。第二，移动技术、移动智能设备等的发展便于碎片化音频形式知识的输出。第三，移动支付的普及为用户付费提供了便利和安全保障。

互联网知识付费实践的迅猛发展也引起学者的关注。与以往的为知识付费相比，互联网知识付费的特点一方面体现为其基于智能设备的产品形式，另一方面体现为知识服务商通过社交媒体进行顾客管理和营销。以往研究分析了互联网知识付费的商业模式（严建援 等，2019；邢小强 等，2019）、知识付费对知识生产者知识行为（Jan et al.，2018；Kuang et al.，2019）以及用户付费意愿的影响机制等（周涛 等，2019a；张帅 等，2017）。互联网知识服务商是运营知识的互联网企业，顾客管理及营销对其很重要，据笔者所知，很少有学者从顾客管理及营销视角探讨互联网知识付费，这为本研究提供了机会。

二、问题的提出

知识型产品和其他产品相比，具有特殊性：①个体知识存量和知识需求的差异性很大，对知识质量和有用性评价的主观性很强；②知识可以完全数字化，无须线下传递，互联网知识产品或服务的消费过程可以是无形的；③消费知识型产品或服务的过程需要花费较高的时间和精力成本，且其价值可能一段时间后才能体现，用户难以坚持，这从得到 App 订阅型产品的使用情况中可以看出。以陈海贤的《自我发展心理学》为例，该课程包括 52 讲内容，截至 2020 年 3 月 31 日，有 235 375 人听过该课程发刊词（包括试听者），117 076 人付费购买了该产品，前 10 讲的听讲人数的中位数为 116 964，10~20 讲听讲人数的中位数为 93 595，20~30 讲听讲人数的中位数为 78 388，30~40 讲听讲人数的中位数为 74 139，最后 10 讲听讲人数的中位数为 67 619，52 讲中最少听讲人数为 61628，这表明差不多有一半付费用户未坚持学习完课程。由于知识型产品有以上特殊性，运营知识的企业（即知识服务商）的顾客管理和营销也应该具有特色。

顾客契合是新时期顾客管理的目标，它指顾客与企业、其他顾客以及潜在顾客的积极互动，具有顾客生命周期价值、影响价值、推荐价值和知识价值（Kumar et al.，2010），它是营销和信息系统领域的一个研究热点，受到实践者和学者的双重关注，越来越多的企业应用社交媒体技术培养顾客契合、发挥顾客价值；以 customer engagement 为关键词在谷歌学术中进行搜索，结果发现 2010 至 2020 年 3 月 31 日，约有 43.5 万项结果。通过社交媒体等互联网工具执行的顾客契合行为常被称为在线顾客契合行为（Zhang et al.，2019）。根据是否投入金钱和参与社会互动，在线顾客契合行为可分为个人非交易型、互动非交易型、购买自用型和购买赠送型（Gummerus et al.，2012；Oh et al.，2017），见表 1.1。前两个类型无须投入金钱资源，属于非交易型顾客契合行为；后两个类型需投入金钱资源购买，属于交易型顾客契合行为。

表 1.1　本研究中应用的在线顾客契合行为的分类

类别	不投入金钱	投入金钱
有社会互动	互动非交易型（如分享、打卡）	购买赠送型
无社会互动	个人非交易型（如阅读、收藏）	购买自用型（如围观）

个人非交易型（以下简称"个人型"）契合行为由内在动机驱动，用户只需投入时间和精力，它反映了顾客的体验（Oh et al.，2017）。互动非交易型（以下简称"互动型"）契合行为由内在动机和外部动机驱动，执行此类行为时用户需投入社交网络资源、知识储备等其他非金钱资源进行社会互动，与个人型相比，互动型更加重视他人的价值。购买自用型即付费购买后购买者自己使用，此行为中用户仅投入了金钱，未投入社交网络资源。购买赠送型即购买后赠送给他人使用，此行为中用户不仅投入了金钱，还投入了社交网络资源。不同行为体现的顾客的契合程度有差异，以上四类行为中，个人型体现的用户契合度最低，互动型体现的用户契合度较高，购买自用型体现的用户契合度次高，购买赠送型体现的用户契合度最高。随着用户与企业交互的增加，其契合程度也不断提升，因此根据顾客契合程度的递增，本研究以互联网知识付费为背景，依次探讨个人型、互动型、购买自用型和购买赠送型四类在线顾客契合行为。具体来说，根据知识型产品的特征，①识别了各类在线顾客契合行为中典型的行为；②分析了哪些因素影响用户执行各类在线顾客契合行为；③探讨了非交易型顾客契合如何影响交易型顾客契合行为。

第二节 研究意义与研究方法

一、研究意义

互联网知识付费行业在实践中蓬勃发展，学术界的研究虽然也在不断丰富，但研究进展明显滞后于实践，且在顾客管理和营销方面的研究较少，这为本研究提供了机会。本研究以互联网知识付费为背景，从顾客契合视角探讨顾客管理和营销，具有很强的理论意义和实践意义。

（一）理论意义

1. 本研究有助于发展顾客契合理论

自 2010 年以来，顾客契合在学术界的研究越来越丰富，顾客契合与情境高度相关，很少有研究分析互联网知识付费背景下的顾客契合，本研究拓展了顾客契合的应用情境，并按照是否投入金钱和涉及社会互动两个维度，将在线顾客契合行为分为个人非交易型、互动非交易型、购买自用型和购买赠送型四类。结合知识型产品的特征、知识服务商的实践及顾客契合行为的定义，识别和探讨了特色的互动非交易型在线顾客契合行为——学习打卡，区分了朋友圈和公众号会话两种不同渠道的阅读行为，丰富了在线顾客契合行为的类型。

2. 本研究有助于丰富知识付费领域的相关研究

知识付费背景下，以往研究多关注知识生产者生成知识和用户获取知识的行为，很少从顾客管理和营销视角探讨用户行为，本研究则从此视角出发，深入分析影响执行个人型、互动型、购买自用型和购买赠送型顾客契合行为的因素，探讨非交易型顾客契合的价值，有助于理解用户的知识需求和社交需求，这使知识付费领域的研究越来越丰富。

（二）实践意义

1. 本研究有助于知识服务商和知识生产者运营在线知识社区

在线知识社区以知识链接用户，能促进知识的分享和用户交流，因此许多知识服务商和知识生产者建立了各类在线知识社区以与知识消费者长期互动，比如在微信公众号中定期发布免费知识。本研究探讨在线知识社区的内容特征如何影响个人型在线顾客契合行为以及在线知识社区中的顾客契合对赠送行为的影响，体现了在线知识社区的价值，并为知识服务商和知识生产者运营在线知识社区提供建议，以助于其吸引用户，扩大在线社区规模，提升与用户互动的深度。

2. 本研究有助于知识服务商采取赠送的盈利模式

付费购买是互联网知识服务商主要的一种盈利模式（严建援 等，2019），用户购买知识型产品除了可以自用，还可以赠送给他人，赠送不仅能直接为知识服务商带来利润，还可能为其带来新顾客。只有了解用户赠送行为背后的心理，知识服务商才能通过系统设计或者营销方式提升用户的赠送意愿，充分发挥顾客的价值。本研究通过具体分析各种感知价值对用户赠送意愿的影响机制实现此目的。

3. 本研究有助于知识服务商在解决用户难以坚持使用知识型产品这一问题的同时发挥用户的影响价值

大多数订阅型知识产品和服务的消费需经历一段时间，且消费过程需要付出时间和努力，许多用户购买产品却不能坚持使用，这种现象显然不利于企业的长期运营。为了解决以上问题，知识服务商推出了学习打卡活动，即用户在社交媒体上持续分享与知识相关的内容以记录其学习进度或者成果。当用户在社交媒体平台上公开打卡时，打卡也能作为一种电子口碑，为知识服务商带来新用户。本研究通过深入分析打卡活动和其影响机制，一方面有助于知识服务商理解如何让付费用户坚持使用知识型产品，形成消费习惯；另一方面有助于知识服务商理解如何让用户投入社交网络资源，为企业创造价值。

二、研究方法

本研究针对互联网知识付费背景下的在线顾客契合行为，主要利用了以下研究方法。

（一）回归分析

回归分析是多因素数据分析中常使用的技术，它通过一个方程来表达一个因变量和一系列预测变量之间的关系，并利用数学和统计学理论进行分析（Montgomery et al.，2012），是使用最广的统计技术，应用于管理、社会科学等多个领域。回归分析中使用的数据源于真实世界，同时基于实践问题中自变量、因变量的特点和理论选择合适的回归方法。具体来说，回归分析包括简单线性回归、多元线性回归、泊松回归、负二项回归、断尾回归、归并回归、广义线性回归等多种方法。当被解释变量（即因变量）只能取非负整数时，常使用泊松回归和负二项回归。泊松分布要求数据的期望和方差一定相等（即均等分散），而现实中数据的特征常无法满足此要求，这是泊松回归的局限性。当被解释变量的方差明显大于期望（即过度分散）时，可采用负二项回归（陈强，2010）。"内容特征对个人非交易型在线顾客契合行为的影响分析"一章中，数据来源于真实世界，且被解释变量（用户的阅读数和收藏数）过度分散，因此采用了负二项回归。对于横截面数据容易产生异方差现象，通过怀特检验发现异方差之后，可以通过广义最小二乘法来处理异方差；"购买自用型顾客契合行为的影响机制分析"一章中，数据来源于真实世界微博问答，且样本数据存在异方差，因此采用了广义最小二乘法模型分析。

（二）扎根理论

扎根理论是一种定性研究方法，它基于实用主义（Pragmatism）和符号互动（Symbolic Interactionism）理论，常被用来理解社会中的复杂现象（Corbin，Strauss，1990）。本研究采用扎根理论探讨互联网知识付费背景下的打卡现象。现象不是静止的，它会随着主要条件不断变化，所以扎根理论在方法中体现变化。根据实用主义和符号互动理论，各角色会通过对情况做出反应来控制他们的命运，扎根理论不仅揭示相关情况，也揭示各角色如何对情况产生回应。扎根理论的数据包括多种来源，如访谈、观察、政府文档、报纸、书籍、信件，任何可能阐明研究问题的数据都可以用于扎根理论。为了保证响应者的可信性，访谈、实地研究等方法中提到的注意事项也适用于扎根理论。

科宾和斯特劳斯（Corbin，Srauss，1990）提出了扎根理论需要遵循的 11 条准则和程序：①数据搜集和分析相互关联，搜集了少量数据之后，分析就可以开始了，分析结果可以指导接下来的访谈和观察，研究人员需要考虑所有可能的相关问题。研究过程中，当概念第一次出现时，都只能作为临时构念，只有当它在数据来源中反复出现时，才能放入理论中。②分析的基本单元是概念，概念来源于现象，且随着分析进行，概念数量越来越多，同时越来越抽象。③范畴必须是相关的，它是构建理论的基础。同样的现象形成概念，概念又形成范畴，范畴是更抽象的概念，并不是所有的概念都能成为范畴。④扎根理论的抽样要基于理论，研究人员要根据研究现象选择现象背后的个体、组织或者社群。⑤分析中需要不断地进行比较。⑥必须考虑模式和变化。⑦过程必须融入理论，扎根理论的过程能把现象分为阶段、步骤。⑧扎根理论研究过程中要写理论备忘录。⑨研究过程中，要尽可能地提出和验证各范畴之间关系的假设。⑩扎根理论者不能单独工作，需要有其他人一起编码分析。⑪分析时必须考虑更广泛的结构条件，无论研究的重点多么微观。

扎根理论中的基本分析过程是编码，可以分为三类：开放式编码、轴心编码和选择性编码。开放式编码通过打破对数据反映现象的标准化思考，帮助分析者获得新见解；轴心编码通过分析数据之间的关系获得子范畴；选择性编码是让所有范畴统一围绕一个核心范畴，并用描述性细节填充需要进一步说明的类别。

（三）访谈

访谈的目的是更好地了解受访者，定性研究中常用访谈的方式收集数据，以供扎根理论中使用。访谈包括结构化访谈、半结构化访谈和非结构化访谈。结构化访谈中，提问和分析都是标准化的；半结构化访谈是在访谈之前先设计一些开放式问题，在与访谈者交流过程中又会临时提出一些问题，受访者可以是个人，也可以是群体，一般一次半结构化访谈的时间是 30 分钟至几个小时；没有任何一个访谈是完全非结构化的，只有相对非结构化的访谈，如民族志进行参与式观察时，可能会基于观察提问，此时是没有提前设计问题的（DiCicco-Bloom，Crabtree，2006）。半结构化访谈和非结构化访谈中要鼓励受访者尽可能详细地描述现象以供调查者分析。当研究者的目的是验证之前的假设时，常采用结构化访谈；当研究者进行探索性研究以产生假设时，常使用半结构化访谈和非结构化访谈，这两种类型的访谈常用于定性研究。由于本研究采用访谈的目的是探索性分析用户的打卡行为，因此使用了半结构化访谈中的个体深度访谈。无论研究问题是什么，访谈时都应该尽可能地让异质性受访群体分享他们的体验（Minichiello et al.，2008），这样才能更充分地了解研究问题。访谈过程中也有一些值得注意的事项，比如：访谈开始时，由于访谈者和受访者刚接触，因此第一个问题应该是开放式的，反映研究的本质，同时无威胁性，这样受访者才更愿意分享（DiCicco-Bloom，Crabtree，2006）；提问时问句应该以"是什么"和"怎么样"型为主，而非提前假定受访者的感情色彩，以"是否"型提问。本研究按照以上程序，采用半结构化访谈方法为扎根理论获取数据。

（四）参与式观察（Participant Observation）

除了访谈，本研究还用参与式观察来收集数据。参与式观察是从特定情境和背景中的内部成员角度来观察人类的行为，并思考行为背后的意义（Jorgensen，2015），以提供人类实践的真相。它鼓励研究人员从具体情况和环境的即时生活经验出发，充分利用任何机会研究，特别适用于这样的学术问题：对现象的了解较少、内部参与者和外部参与者的观点差异较大、外部参与者无法了解现象等，因此探索性探究和描述性研究中常使用参与式观察。

（五）问卷调查法

问卷调查法是管理学研究中最常使用的定量方法之一，它通过填写问卷来收集、整理、分析统计资料，如果实施得当，它是最快速和有效的数据搜集方法。它用同样的问题访问不同的受访者，并对答案用统一的规则进行编码和量化，这样做的目的是不让数据收集的过程受到研究人员主观因素的干扰。它的过程为：依据理论提出概念模型，根据已有相关研究中的量表设计问卷，在小规模样本中进行预测试，检验量表的信度和效度，修正问卷；用修正后的问卷在大规模样本中收集数据，再次检验量表的信度、效度，并采用相关方法验证各变量之间的关系，以验证概念模型。本研究在验证在线知识社区契合对购买赠送行为的影响和验证感知收益和感知成本对用户打卡行为的影响中采用了问卷调查法。

（六）偏最小二乘结构方程模型（Partial Least Squares Structural Equation Modeling，PLS–SEM）

结构方程模型（SEM）是一种在社会和行为科学中很流行的建模技术，它可以处理多方程模型、以潜变量形式表示构念以及度量误差，能以便利、有效的方式展示多个构念之间的关系，而回归模型中通常只能有一个因变量。SEM包括基于协方差的结构方程（covariance-based SEM，CBSEM）和 PLS-SEM，PLS-SEM 最初由沃尔德（Wold，1966）和洛莫勒（Lohmoller，1988）提出。CBSEM 估计模型参数以使估计的协方差矩阵与样本协方差矩阵之间的差异最小，而在 PLS-SEM 中，通过估计普通最小二乘（OLS）迭代序列中的部分模型关系，可以最大限度地解释内生潜变量的解释方差。CBSEM 需要强分布假设，而 PLS 对数据分布假设的要求较低。与 CBSEM 相比，PLS-SEM 适用于预测性研究，且当样本量较少、数据非正态、构念为形成性时更有优势（Hair et al.，2013）。现在它被广泛应用于营销（Hair et al.，2012）和管理信息系统（Kim et al.，2018；Tsai et al.，2019）研究中，PLS 路径模型可以通过多种实用方法轻松操作，如 SmartPLS 和 R 语言。SmartPLS 是专门用于 PLS 路径模型的独立软件，它通过拖放的方法为潜变量绘制结构模型，并将题项（指标）分配给潜变量；R 语言中有 PLSM 包以使用 PLS 方法。本研究将使用 PLS-SEM方法来验证概念模型中各构念之间的关系，其中会用到 SmartPLS 软件。

第三节　研究结构与技术路线

一、研究结构

根据用户是否投入金钱，在线顾客契合行为可以分为交易型和非交易型；根据是否涉及社会互动，非交易型在线顾客契合行为可分为个人型和互动型，交易型在线顾客契合行为可分为购买自用型和购买赠送型。本研究以互联网知识付费行业为背景，抓住知识型产品的特点，根据契合程度的递增，探讨内容特征对个人型在线顾客契合行为的影响，用户感知价值和成本对互动型顾客契合行为的影响，"信息气味"和问题类型对购买自用型顾客契合行为的影响，以及非交易型在线顾客契合对购买赠送型在线顾客契合行为的影响，环环相扣，以期为知识生产者和知识服务商利用社交媒体进行顾客管理和营销提供帮助。为此，本书的研究工作分为八章，具体章节安排如下。

第一章为绪论。本部分首先阐述了本书的研究背景，基于此提出了研究问题；其次，详细介绍了本研究的理论意义、实践意义和采用的研究方法；最后，概要介绍了本研究的结构和技术路线。

第二章为文献综述与相关理论回顾。本部分首先介绍了知识付费的定义及形式，并从知识提供者和知识消费者两个角度综述了现阶段知识付费领域的相关研究，结果显示对知识服务商的顾客管理和营销手段的研究甚少。其次，本研究阐述了契合、顾客契合、顾客契合行为的概念，并基于顾客契合和顾客契合行为的相关研究，对顾客契合行为进行了分类，识别了非交易型在线顾客契合行为的前置因素，从中发现了在线顾客契合行为研究中的不足。最后梳理了本研究中用到的理论，如使用和满足理论、社会交换理论、感知价值理论和信息觅食理论。

　　第三章为内容特征对个人非交易型顾客契合行为的影响分析。在线知识社区中的阅读和收藏是典型的个人非交易型在线顾客契合行为，阅读是内容提供者传播观念、与用户互动的基础，收藏可以增加用户与知识提供者互动的概率，促进其与运营者深度互动。相关文献表明，内容特征对个人型顾客契合行为的影响最大，且学者对不同渠道的阅读行为和收藏行为研究不足，因此本部分利用一个知识型微信公众号的真实数据，分析了标题特征和内文内容特征对阅读和收藏这两种个人非交易型在线顾客契合行为的影响。

　　第四章为互动非交易型在线顾客契合行为的影响因素分析。本章通过质性研究，探索性地分析了互动非交易型在线顾客契合行为——学习打卡。知识付费背景下的打卡是用户在社交媒体上持续分享与知识相关的内容以记录其学习进度或者成果，打卡一方面是付费顾客与知识服务商的持续交互，另一方面，通过社交媒体中的分享，打卡能对潜在顾客产生影响价值。通过参与式观察、收集社交媒体中真实的打卡信息和访谈知识消费者，本章获取了用户进行打卡决策时的心理活动数据，随后通过编码、归纳、提炼，总结了打卡行为的类型和用户打卡行为的影响因素模型。

　　第五章为公开互动非交易型顾客契合行为的影响机制分析。第四章的质性研究表明对于互动非交易型顾客契合行为——学习打卡，用户可以采取多种形式：私人打卡、社群打卡、公开打卡和策略性打卡，不同类型打卡体现的顾客的契合程度和价值都有差异，其中公开打卡是病毒营销的关键，它能为知识服务商带来新顾客。本章采用问卷调查和结构方程模型，验证收益和成本权衡对用户在社交网站持续公开打卡意愿的影响。

第六章为购买自用型顾客契合行为的影响机制分析。问答社区中的付费围观属于一种购买自用型顾客契合行为，它投入金钱，但是无须投入社会关系。本章利用微博问答中健康医疗、财经、互联网资讯三个领域的真实样本，基于信息觅食理论，探讨问题的提问价格和描述的详细程度、问题描述中体现的情感等因素对用户围观行为的影响。

第七章为非交易型顾客契合对购买赠送型顾客契合行为的影响分析。购买后赠送给他人不仅需投入金钱，还会投入社会关系，它属于契合程度更高的一种交易型顾客契合行为。本章利用问卷调查和结构方程，获取知识用户在线知识社区中的顾客契合、感知价值和赠送意愿的反馈，以探讨非交易型顾客契合——在线知识社区中的顾客契合如何影响赠送行为这种契合程度较高的交易型顾客契合行为。

第八章为总结与展望，本章总结了本研究做的主要研究工作及得出的主要结论，并且总结了本研究的主要创新点、对理论的贡献和对实践的指导意义。最后还指出了研究过程中存在的局限性，以及后续研究中可以继续从事的工作。

二、技术路线

本研究围绕"知识付费背景下在线顾客契合行为的影响机制"，通过文献研究、回归分析、扎根理论、问卷调查等实证方法，根据用户契合程度递增的逻辑，深入探讨了个人型、互动型、购买自用型和购买赠送型四类在线顾客契合行为，其技术路线如图 1.1 所示。

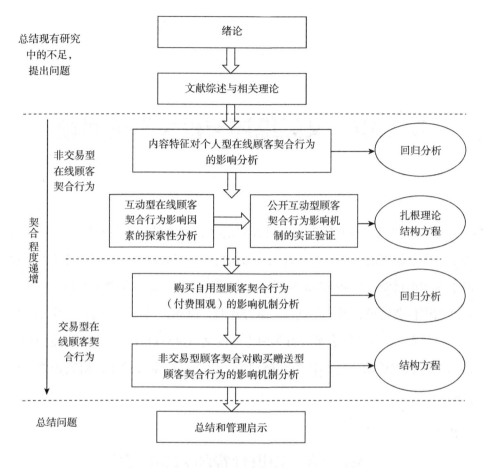

图 1.1 本书的技术路线

第二章　文献综述与相关理论回顾

互联网知识付费和顾客契合已经引起了信息系统、市场营销和消费者行为学等多个领域的关注。本章首先对知识付费（尽管出版、教育等传统产业也属于为知识付费，但是无论在实践还是学术研究中，知识付费主要还是用于互联网知识付费情境，因此在进行文献综述时，以知识付费为关键词，而非互联网知识付费）、在线顾客契合行为两方面的文献进行综述，然后回顾使用和满足理论、感知价值理论和社会交换理论，以为后续章节的实证研究提供理论基础。

第一节　知识付费的相关研究

本节从知识付费的定义及形式、基于知识提供方的知识付费研究、基于知识消费者视角的知识付费研究几方面综述国内外知识付费的相关研究。

一、知识付费的定义及形式

（一）知识付费的定义

知识付费在学术界的研究始于 2017 年，现已广泛应用于实践和国内研究中，但其界定还较模糊，有些学者从分享、法律、产品和服务、过程等视角进行定义（见表 2.1），还有些学者通过直接列举实例的方式解释知识付费，如付费问答（paid Q&A）。从发展过程来看，知识付费是针对知识免费而言的，它强调知识的商品属性，它是教育、媒体、出版三个行业联合的产物。从价值网络来看，知识付费涉及知识需求者（或称为知识消费者）、知识生产者、知识服务商、出版社或出版公司、各种供货商、技术支持和支付平台等服务企业、传播渠道等主体（邢小强和周平录，2019）。知识生产者包括知识原创者、知识传播者、知识产品经理和知识经纪人等（方军，2017），越来越多的平台通过孵化知识名人或与知识网红合作以获得竞争优势（王传珍，2017）。知识生产者和知识服务商称为知识提供者。从领域来看，医疗、管理、经济、心理、美术、艺术……各行各业都有知识盈余者和需求者，因此知识付费涉及众多行业和场景。从形式来看，知识付费提供的是移动互联网服务，此类知识产品具有移动性、碎片化、求知目的明确的特点。据此，本研究认为知识付费是知识需求者通过移动互联网向知识提供者购买求知目的明确、碎片化的知识产品或服务。国外与之相近的概念包括 fee-based knowledge（Jafari et al.，2009）、pay-per-question（Jan et al.，2018）、paid Q&A（Zhao et al.，2018）、knowledge payment、pay content subscription、pay for answer 等。

表 2.1　知识付费的定义

视角	定义	参考文献
产品 / 服务视角	知识付费产品是移动互联网时代，媒体、教育、内容出版三个领域结合的产物	（方军，2017）
	知识付费是一种新的知识消费模式，其中的知识不限于有体系的专业内容，包括技能、信息等，因此相当于信息付费，存在信息差的信息生产者和消费者通过平台沟通和变现	（刘雷，2017）
	用户出于明确的求知目的付费购买的在线碎片化知识服务	（艾瑞咨询，2018）
	知识付费向用户提供和分享聚焦于某一垂直领域、具有高场景度、高可操作性、在人们的一般经验中稀缺的知识	（喻国明和郭超凯，2017）

续表

视角	定义	参考文献
产品／服务视角	内容生成者将信息咨询、书籍、理论知识等知识与自身知识积累融合，将其系统化和结构化后梳理成标准化的收费产品，利用知识付费平台中的付费机制和业务模式传递给知识用户，以满足用户认知提升、阶级归属、丰富谈资等需求的创新产业形态	（易观，2017）
过程视角	有特定知识和技能的知识提供者在平台上以产品或服务的形式分享、发布知识，知识需求者为获取知识付出金钱，这个过程叫作知识付费	（Qi et al.，2019）
	各类知识技能人才，通过平台以知识产品的形式，分享与传播知识，用户为获取阅读、收听或观看产品的权限而进行付费行为的交互过程	（新榜，2018）
分享视角	知识付费是通过共享知识信息而获得一定收入的传播模式	（邹伯涵和罗浩，2017）
	知识付费是公众利用互联网平台与他人分享认知盈余，获得收益的一种形式	（刘周颖和赵宇翔，2017）
知识产权视角	知识付费是信息卖方向买方提供收费信息服务，实质是一种信息服务合同	（范明志，2017）

（二）知识付费与在线内容付费的异同

知识付费概念出现之前，在线内容付费已受到学者关注。在线内容包含的意义很广，它包括通过互联网发布的信息和知识产权（Dutta，2012），在线出版商协会把在线内容付费定义为个体通过互联网购买数字知识产权，它不包括软件购买、赌博、互联网服务接入、短期致富计划等商业服务。学者探讨了影响用户付费购买在线音乐（Lin et al.，2013）、在线新闻（Chyi，2005）、内部动机驱动内容（Lopes et al.，2006）的因素，发现免费观念（Free Mentality）是影响用户为在线内容付费意愿的一个重要因素。对在线内容应该免费还是收费的讨论，本质是对广告收入和订阅费收入两种商业模式的选择，对内容收费减少了内容的消费者，从而导致广告收入的降低。知识付费比在线内容付费概念更窄，它不包含纯粹享乐的内容，如视频、新闻、音乐等，不过在线内容付费的相关研究为本研究提供了借鉴。

（三）知识付费的形式

互联网知识付费主要包括五种形式：付费问答、付费订阅、用户打赏（张帅 等，2017）、付费围观和付费订阅与问答相结合。表 2.2 从服务形式、定制化水平、价格制定者、非焦点用户的权利和典型平台/产品几个维度进行了比较。

表 2.2　知识付费五种类型的对比

付费类型	服务形式	定制化水平	价格制定者	非焦点用户的权利	典型平台/产品
付费订阅	付费订阅标准化知识	较低	知识付费平台或其与知识提供者协商	免费试用少量产品	得到、喜马拉雅 FM
付费问答	向指定专家付费提问，专家回答后获得知识	高	知识提供者	非提问用户可以支付少量费用获得内容	知乎的付费咨询、微博问答
付费围观	低额付费获取已有提问的答案	低	知识付费平台	无	知乎的付费咨询、微博问答
用户打赏	获取知识后，用户自愿付费以表示对知识或者知识提供者的认可	较低	用户	未打赏用户也可获取内容	豆瓣、微信订阅号
付费订阅+问答	知识提供者提供部分标准化知识，订阅用户在此过程中可实时提问	中等	知识提供者	无	知乎 Live

付费问答是由知识消费者驱动的在线知识消费，付费订阅和用户打赏是由知识提供者驱动的在线知识消费。付费问答是知识付费兴起最初的形式，知识需求者向指定专家付费提问获取定制化水平较高的知识，它是在线问答社区运营者对回答者实施的一种经济奖励，目的是提升回答者的社会契合（Kuang et al.，2019），也是问答社区商业化运作发展的要求，付费问答中用户按使用频率付

费。付费问答与众包相似，但也有明显区别：①付费问答向指定专家提问并付费，而众包平台中的所有用户均可回答问题；②付费回答中知识价格由回答问题的专家制定，而众包平台中由提问者确定价格；③付费回答一般采用移动模式，而众包平台以网页为主，逐渐向移动化转变；④付费回答的答案可采用文本、语音、视频等多种形式，而众包平台以文本为主（Jan et al.，2018）。

付费围观是指用户支付低额费用查看已有的付费提问的答案（孟嘉和邓小昭，2022），比如知乎的付费咨询可以以 1 元旁听，微博问答推出了围观会员。扣除平台服务费后，围观收入由回答者和提问者均分。付费提问和付费围观在成本、满足知识需求的自主性、获取信息的路径方面都有差异。付费提问和付费围观可以获得针对同一个问题的完全相同的回答，但是提问者和围观者获得该回答消费的经济成本差别很大，前者可能是后者的数十倍，甚至百倍。从满足知识需求的自主性来看，付费提问的用户（以下简称"提问者"）可以自由选择答主、设计问题，具有很强的自主性，而付费围观的用户（以下简称"围观者"）只可以围观已存在的问题，自主性较低。从信息的获取路径来看，付费提问是一种有目标的主动的信息获取行为，提问者提出关于自身需求的定制化问题，而付费围观既可能是一种有意识和目的的信息搜寻，也可能是一种信息偶遇，围观者在浏览社交媒体过程中发现能满足自己信息需求或情感需求的问题，随后付费查看答案，但该问题的定制化程度和与自身需求的贴合性可能较低。从两者的关联来看，付费围观是付费提问的有效补充，通过付费围观，提问者可以与回答者共享收益，这种模式能补偿提问者的提问成本，也能充分发挥回答的价值，为回答者提供更多的收入，因此提问者有动机构建好的问题以最大化其收益，回答者也愿意参与以增加收益和传播观点。

付费订阅是知识需求者通过知识服务商订阅标准化的知识，其定制化水平较低，产品包括系列课程、图书解读等，是知识服务商采用最多的形式之一，知识服务商在产品定价中具有较大的决策权。用户订阅的产品可以是直播形式，也可以是非直播形式。直播形式的产品一般只包括一期，非直播产品往往包括多期，产品发布后，知识需求者可以随时订阅。付费订阅型知识付费中强调场景碎片化、知识的完整性和内容的连贯性。

用户打赏是获取知识后用户自愿向知识生产者提供任意数额的费用以表示赞赏或奖励，即在此形式中是否支付以及支付价格均由用户自主决定。互联网中存在着先打赏再获取知识和先获取知识再打赏两种形式。

以知乎 Live 为代表的知识付费形式融合了付费订阅与付费问答。一方面，Live 的主题和价格由知识提供者确定，内容包含与主题相关的标准化知识，这与付费订阅相似；另一方面，在 Live 直播过程中，订阅用户可以实时向知识提供者提问，知识提供者回答其中的部分问题，这融入了付费问答的部分特点。Live 结束之后，用户还可以购买该产品，只是无法向知识提供者提问，其形式基本与付费订阅一致。

以往实证研究对付费问答这种形式的关注较多，本研究情境侧重于订阅型的知识付费和付费围观。

二、基于知识提供方的知识付费研究

（一）知识付费商业模式分析

作为一种新兴服务业，学者关注知识服务商的商业模式。邢小强和周平录（2019）通过 5 家代表性企业总结了知识服务商业模式包含的四个要素：价值主张、价值网络、关键活动与盈利模式；严建援等（2019）则提出了内外部资源、价值主张、价值网络、营销模式和盈利模式五个要素。在价值主张方面，一方面，知识服务商为知识消费者带来功能价值、效率价值、心理价值、社交价值和娱乐价值（邢小强和周平录，2019；严建援 等，2019）；另一方面知识服务商作为平台，也为知识生产者带来经济价值（严建援 等，2019）。功能价值指解决用户学习和生活中的具体问题；效率价值指更便于用户学习；心理价值指通过知识付费缓解用户的社会焦虑、增强自我认同；社交价值指为付费者带来更多的社会联结，积累社会资本；娱乐价值指为用户带来娱乐化体验。王雪莲等（2024）采用构念积储格技术识别出订阅型在线知识付费产品的六个用户体验价值：功能价值、效率价值、自我实现价值、享乐价值、情感价值和互动价值。具体来说，功能价值包括提升思维认知、解决现实问题、获取知识、提升人际社交和提升专业技能；效率价值包括时间便利和场景便利；自我实现价值包括自我实现和三观塑造；享乐价值包括娱乐和爱好；情感价值包括沉浸感和认同感；互动价值包括用户间互动和用户与知识生产者互动。知识服务商的收入模式丰富，包括直接销售、平台服务费、广告、电商、版权分销收入等（严建援 等，2019）。为了获得利润，知识服务商需要吸引与孵化创作者、打造产品与制定标准、挖掘分析数据、构建与运营社群（邢小强和周平录，2019）。

（二）在线知识产品的定价研究

在线知识市场存在已久，典型的产品是问答型社区或者咨询服务，该类市场中一般由提问者制定价格，知识平台确定回答者和平台获得的收入比，贾法里等（Jafari et al., 2009）建立系统动力学模型分析了该情境中回答者选择问题和锁定问题的行为。本研究所探讨的知识付费中，除了用户打赏，其他几种知识付费形式都由知识提供方定价。价格对消费者有两种相反的影响：一方面高价格可以作为高质量的信号，增加知识产品的感知价值；另一方面，高价格表示购买知识型产品的高成本（Zhang et al., 2019），这会降低消费者的购买意愿。向知识消费者收费是知识服务商对收入模式的选择，因此有必要研究如何定价能实现知识服务商利润最大化。

知识服务商相当于平台，知识需求者和生产者通过知识付费平台连接和交易，需求者数量和生产者数量相互影响，这符合双边市场的特征。产品的定价策略可以根据知识服务商的发展阶段动态变化，在起步阶段，知识服务商可采取免费或者补贴的定价策略以增加用户规模和用户效用，随着平台逐渐成熟，可以向知识提供者收取费用（Sun，Fu，et al.，2018）。费用可以是从知识提供者收入中抽取的分成，分成比与知识质量和交叉网络外部性负相关，与平台差异化程度正相关（张春晓，2017）。不同形式的知识付费产品定制化水平不同，订阅式和围观付费式的定制化水平较低，而付费问答式的定制化水平较高，因此可从定制化水平视角考虑产品定价，一般情况下，定制化水平高的宜采用协商定价策略，定制化水平低的采用发布式定价策略更佳（刘征驰 等，2018）。除了产品特征，知识服务定价者定价时也可考虑用户的专业性，对于新手用户，历史价格越高，其满意度越高，此作用在专家用户中恰好相反，且专家用户对价格的敏感性低（Zhang et al.，2019），因此知识服务定价者没有必要通过降低高价知识产品来获取用户。但是，知识生产者的定价策略会影响知识消费者对他们的契合度，亲民的价格更能增加收入和契合水平（Jan et al.，2018）。

（三）知识付费对知识提供者生成内容行为的影响研究

知识付费出现之前，在线问答型社区已经比较普遍，社交媒体技术应用于问答型在线知识社区，形成了社会化在线问答社区。社会化在线问答社区在常规问答系统的基础上结合了社交网站的特点，它在用户、问题和主题之间建立了连接，在有相同兴趣的陌生人之间建立了社交网站（Jin et al.，2015）。社会化在线问答社区中回答者回答问题的内在动机包括帮助他人的愉悦感、自我效能（Zhao et al.，2016）；外在动机包括组织奖励、互惠、声誉、社会规范、社会知识（Zhao et al.，2016；Yan et al.，2016）。知识服务商推出付费功能后，知识生产者（即回答者）开始从免费知识社区向付费知识社区转移，回答者的优秀回答者标识会影响其转移度，而个人标识（即提供的学历、身份等证明材料）不会影响（赵宇翔 等，2019）。

向知识消费者收费一方面是知识服务商的收入模式，另一方面也可以看作对知识生产者的金钱奖励，学者还从奖励的视角探讨了知识付费对知识提供者行为的影响。在问答型知识社区发展初期，金钱奖励成功吸引了一小部分优质专家，并激励他们快速回答用户的提问（Jan et al.，2018）。社会化在线问答社区（如知乎）中，金钱奖励有多重影响：首先在与知识社区关系方面，获得金钱的知识提供者对平台更加忠诚和亲密；其次在参与知识社区活动方面，金钱奖励被看作对知识提供者自我效能的认可，这加强了其内在动机，因此他们愿意在社区中花费更多时间和努力，分享更多知识，与其他用户建立社会联系。另外，这些获得金钱奖励的知识提供者为了维持知识丰富的形象，会减少在社区中获取知识的次数（Kuang et al.，2019），金钱奖励越高，对知识提供者这方面的影响越大。知识付费还会负向调节自我效能感对共享隐性知识意愿的正向影响（孙金花 等，2019）。对于打赏型知识付费，雷羽尚和杨海龙（2019）发现尽管当期内容的质量正向影响当期付费人数，但是付费人数并不显著影响知识生产者未来生成内容的质量，即打赏这种模式对知识提供者的直接激励效果不明显，这可能是由于该种形式中，知识生产者的主要收入来源于广告，而非打赏。不过打赏人数能对自媒体影响力产生正向反馈，而自媒体影响力是广告主投放广告决策的主要依据之一，因此打赏不仅增加了知识生产者的收入方式，还能对其主要收入广告产生积极影响。

（四）知识付费中的版权保护机制研究

知识付费平台中知识产权问题常发生在知识生产和流通两个阶段（Zheng et al.，2018），问答社区中主要存在两种侵权行为：①消费者恶意泄露问题的答案，侵犯了答主对回答的版权；②答主在回答提问时未经他人许可或未标明来源，抄袭他人的作品，这侵犯了他人的著作权（肖叶飞，2022）。对于知识付费平台中的知识产权侵权问题，需要通过提高知识生产者的版权意识、应用新技术、完善版权交易机制、加强对侵权行为的监督管理等方面来解决（Zheng et al.，2018）。

三、基于知识消费者视角的知识付费研究

（一）用户付费意愿和付费行为的影响因素研究

从免费知识社区到知识付费，学者最先关注哪些因素影响用户为知识付费的意愿。总体来说，个体认知、信息质量、主观规范、个体需求、便利条件、经济因素、信任、认同（周涛 等，2019a；张帅 等，2017；赵保国和姚瑶，2017）等因素是影响用户付费意愿的主要因素。

如前文所述，知识付费有不同形式，用户对不同形式产品的付费意愿也有差异。订阅型知识付费中，企业提供了免费试用服务，但是只有在价格合理的情况下，试用满意的用户才会产生付费意愿，试用满意度则受实用价值和享乐价值的影响，试用成本的作用不显著（陈昊 等，2019）。张洁梅和王昊（2024）基于解释水平理论验证了产品信息的目标框架效应（抽象框架和具体框架）和消费者未来自我连续性（低未来自我连续性和高未来自我连续性）对订阅型知识付费意愿的影响。直播形式知识产品的销售包括两个阶段，直播开始前和直播结束后，在前一个阶段，点赞数正向影响用户的付费意愿，在后一个阶段，用户不仅考虑点赞数，还考虑评分、直播过程中知识生产者和消费者的互动（Cai et al.，2020）。

付费问答社区中包括两种形式的知识付费行为，付费问答和"围观"。非提问用户可以支付少量费用查看知识提供者对提问者问题的回答，这个过程被称为"围观"（或"偷听"），围观获得的收入由提问者和回答者共享。第一，

从知识消费者层面来看，个人免费观念、信息获取习惯、现状偏差导致的转移成本会影响感知成本，感知成本负向影响付费意愿（卢恒 等，2019）；知识付费多以语音形式展示，这是一种新生事物，感知趣味会正向影响付费意愿（赵菲菲 等，2019）。第二，从技术层面来看，技术易用（赵菲菲 等，2019）正向影响用户的付费意愿。第三，从知识生产者层面来看，知识生产者的能力（如以往回答问题的数量、标明了擅长领域）、正直（如有实名认证、提供了社交媒体账号）、声誉（如关注者数、点赞数）（Zhao et al.，2018）、专业性、问答服务质量（张颖 等，2018）、可靠性、用户情感度表征的情感信任（朱光和颜燚，2024）正向影响付费行为；付费问答还为知识消费者提供了与回答者直接交流的机会，这也正向影响了其付费意愿（李武 等，2018b）。第四，从付费提问的功用价值来看，任务压力、求知好奇、被围观后获得分红收益（李武 等，2018a；李武 等，2018b）也正向影响付费意愿。产品价格对用户知识付费行为的影响会产生两种效应，一些用户认为高价值代表着高质量问题（Yang，Ye，2019），此时付费价格正向影响用户的付费意愿，但也有研究发现价格对产品销量产生负影响（Cai et al.，2020）。第五，针对同一主题，知识社区中不仅有付费知识，还有免费知识，付费知识所属主题的免费问题数正向影响付费行为，该主题拥有的免费知识数负向影响付费行为，以上两种影响对音频型产品的影响比视频型产品要大（Zhu et al.，2019）。用户围观付费的主要动机是获取信息和知识以及价格低（李武 等，2018b），另外，他们也会考虑回答者的声誉、微博等级、问题的评论数、被赞同、提问者为获取该回答付出的价格、回答长度、相似问题的偷听量（Yang et al.，2019；赵庆亮 等，2019）。

打赏形式中，用户的打赏行为主要受当期内容质量和知识生产者的影响力影响，以往内容的质量还会影响未来用户的打赏行为，主要体现为当某期内容质量很高时，用户会对内容产生较高的期望，这增加了未来内容无法满足用户期望的可能性，从而降低了打赏意愿（雷羽尚和杨海龙，2019）。从信息系统成功角度来看，知识服务商的信息质量和服务质量通过感知价值影响付费意愿，系统质量的影响不显著（周涛 等，2019b）。

（二）用户退出行为研究

随着知识付费行业整体增速下降，用户活跃度下降，学者还探讨了知识付费用户放弃使用、间歇性中辍等退出行为。张清雅（2022）发现任务冲突、免费心理等使能因素正向影响用户的中辍行为，知识焦虑、心理惯性和羊群效应则会正向影响用户停止中辍。邢绍艳和朱学芳（2022）提出了从用户价值特征和评价特征两个维度预测知识付费直播用户流失的模型。

（三）其他用户关系研究

除了探讨使用和退出行为，学者还探讨了用户信任、满意度等对知识付费行业影响深远的变量。

作为一种移动互联网服务，用户关注知识服务商的内容、功能、价格的满意度以及平台的可用性和易用性（范建军，2018）。知识服务具有无形和非标准化等特征，这导致顾客满意度也具有不确定性，因此知识消费者购买知识产品之后的满意度需特别关注（Zhang et al.，2019）。历史价格、当前价格、历史满意度会影响用户的满意度，且这种影响在专家用户和新手用户之间存在差异（Zhang et al.，2019）。知识型产品属于体验型产品，为了提升用户的满意度和黏性，从营销视角来看，知识服务商可以让其进行试用体验、互动体验、游戏化体验、情感体验和线下体验（陈雷雷 等，2019）。信任对于在线知识付费至关重要，知识质量、价格效用、感知愉悦性、缓解焦虑、知识形象展现会影响用户对知识付费的信任，而社会关系支持对信任的影响并不显著（Su et al.，2018）。

第二节　顾客契合行为的相关概念

一、契合

"契合"概念最早出现在心理学对工作契合和角色契合的研究中。卡恩（Kahn，1990）最早概念化契合，研究有意义、安全和实用性三种心理条件对契合的影响，他认为个人契合是个人的偏好自我（preferred-self）在任务中的表达，它能促进工作和个人的联系、个人存在（行为、认知、情感），积极充分地发挥绩效，即契合的员工会更加真实地表达支持条件。马斯拉奇等（Maslach et al.，2001）将工作契合定义为持久、积极的情感激励状态。20 世纪90 年代的学者大多认为契合是一种影响行为的心理状态，比如参与活力（精力和精神韧性）、奉献精神（重要感、热情、灵感、自尊和挑战）、全神贯注（集中注意力）（Schaufeli et al.，2002）、不倦怠（Maslach et al.，2001）。

随后，其他学科也不断关注各类契合。社会学者提出公民契合（Mondak et al.，2010），政治学探讨政府契合（Resnick，2001），心理学研究社会契合（Achterberg et al.，2003）、任务契合（Mattews et al.，2010）、职业契合（Bejerholm，Eklund，2007），信息系统学者讨论在线社区契合（Ray et al.，2014）、移动 App契合（Viswanathan et al.，2017）、观众直播契合（Hilvert-Bruce et al.，2018），教育心理学关注学生契合（Hu，2010），营销者还重视广告契合（Phillips，McQuarrie，2010）。这些概念关注了不同的契合客体，虽然具体阐述不尽相同，其包含的维度也有区别，有的只包含行为，有的包含认知和行为，有的包含认知、行为、情感三个维度。比如对于学生契合，胡（Hu，2010）认为它指学生投入有教育意义活动中的努力程度，包含认知和行为两个维度；但伦敦等（London et al.，2007）则定义它为学生对制度的学术投入、动机、承诺、感知心理连接、归属感、舒适感，它包括制度、环境、个人三方面，这个定义涵盖了情感、认知、行为三个维度。总体来说，学者主要探讨正向契合，从维度来看，契合至少应该体现在行为中，是否包含认知和情感则与研究情境相关，而对维度的探讨并非相关研究重点，研究人员的兴趣主要在于如何形成和培养契合。

二、顾客契合的内涵、测量及其结果

（一）顾客契合的发展及其定义

顾客契合（Customer Engagement 或 Consumer Engagement，CE）最早来源于营销和服务领域，它是对关系营销、以服务为主的逻辑观点等营销理论的发展。2005 年，美国广告公司协会（American Association of Advertising Agencies）、美国广告研究基金会（Association of National Advertisers）、美国广告商会协会（American Association of Advertising Agencies）和美国杂志出版商协会（American Marketing Association）联合开展了一项研究，研究的目的是定义和测量各种媒体中的契合，他们认为契合是广告和营销活动的结果，契合的目的是增强消费者眼中品牌的实力，自此，顾客契合在实践中越来越受重视，赛德礼（Sedley，2010）认为契合可以增加顾客对品牌情感、心理或身体投入的重复互动，其中的关键是重复和投入。

2005 年之前，顾客契合的研究甚少，最早的研究是帕特森等（Patterson et al.，2006）探讨服务业中的顾客契合，他们借鉴组织管理学中契合的概念，将顾客契合描述为在用户与组织关系中各种存在（presence）的程度，认为存在包括三类，生理存在、情感存在和认知存在，涉及活力、奉献、专注和互动四个维度。2010 年，*Journal of Service Research* 出版了顾客契合的特刊，从此这个概念在学术界受到广泛关注，契合在营销领域的研究不断深入。

　　表 2.3 整理了营销领域中具有代表性的几种定义，主要涉及霍利贝克（Hollebeek）、布洛迪（Brodie）、维韦克（Vivek）、库玛（Kumar）等几位学者的研究，他们基于组织和管理领域中的员工契合、心理契合和契合实践，定义营销领域中顾客契合的本质。营销领域中，顾客契合的客体包括多种，如企业（Kumar et al.，2010）、品牌（Hollebeek，2011）、在线品牌社区（Bapna et al.，2019；Hollebeek et al.，2014）、企业的产品或服务。"顾客契合"一词也逐渐被用于信息系统领域，如在线社交平台中的顾客契合、社交媒体中的顾客契合。除了顾客契合，信息领域还有其他与契合相关的概念，如在线社区契合、契合于移动 App、社会化商务契合、观众契合（Viewer Engagement）、用户契合（User Engagement）等，见表 2.3。学者在定义这些概念时，或从个体契合（Personal Engagement）出发，或从顾客契合出发。在线品牌社区中的顾客契合同时受到营销学者和信息系统学者的关注。

　　从表 2.3 中可以看出，首先，顾客契合与情境高度相关，在企业、品牌、在线品牌社区各种情境中，学者对它的理解和操作化都有所不同，但可以确定的是，顾客契合反映的心理状态由用户与焦点契合对象的特定互动体验引起，互动的顾客体验是其理论基础（Brodie et al.，2011）。其次，许多学者把顾客契合当作多维度构念，特别是在质性研究和采用问卷调查方法进行的研究中。当顾客契合作为二阶构念时，情感、认知、行为三个维度的划分方式接受度最广，维韦克等（2012）在以上三个维度基础上增加了社会维度。但是，学者对情感、认知、行为三个维度的具体理解并不一致，总的来说包括活力、热情、专注（沉浸）、积极、有意识地参与、奉献和交互几种主题（Patterson et al.，2006；Vivek，2009；Hollebeek，2011；Cheung et al.，2011）。活力指顾客愿意在在线社交平台中投入的时间和精力水平；专注指完全专注于在线社交平台；奉献指对在线社交平台产生的意义感、热情、自豪感、挑战等情绪。顾客契合的行为维度受认知和情感维度影响（Cheung et al.，2011；Claffey，Brady，2017）。

表 2.3　营销和信息系统领域与契合相关的研究

研究	契合客体	研究方法	定义	维度	行为维度的操作化
（Patterson et al., 2006）	服务业中的组织	定性研究	用户与组织关系中各种存在（presence）的程度，存在包括三类，生理存在和认知存在	·活力 ·奉献 ·专注 ·互动	无
（Kumar et al., 2010）	企业	质性研究	用户与企业、其他用户以及潜在用户的积极互动，既包括交易性的，也包括非交易性的	·购买行为 ·推荐行为 ·影响行为 ·知识行为	无
（Vivek, 2009）	组织的产品、活动、机构	质性研究和问卷调查	个人参与组织活动的强度以及与组织的产品和活动的关联（既包含组织发起的，也包含组织发起的）的关联程度	·热情 ·有意识地参与 ·社会交互	有意识地参与包括引起注意，进一步了解，非常关注等题项；社会交互包括愿意、与他人在一起使用更有趣、周围的人做时也感觉更有趣等题项
（Hollebeek, 2011）	品牌	质性研究	用户与具体品牌交互时，投入的认知、情感和行为的投入和水平	·沉浸 ·热情 ·积极	无
（Cvijikj et al., 2013）	脸书（Facebook）的品牌社区	回归分析	用户与社区成员交互和合作的内在动机	·行为	点赞率、评论率、分享率
（Cheung et al., 2011）	在线社交平台	问卷调查	顾客契合包括心理状态方面的和行为方面的和行为方面的顾客契合，用户与特定在线社交平台契合，用户在线身体、认知和情感上的投入程度	·心理方面（活力、专注和奉献） ·行为方面（在线社交口碑参与和口碑）	在线社交平台参与包括 2 个题项，口碑包括 6 个题项，均采用已有量表；专注和奉献分别涉及 6 个维度
（Vivek et al., 2012）	组织的产品或活动	质性研究	同企业客体的定义	·认知 ·情感 ·行为 ·社交	无
（Gummerus et al., 2012）	在线游戏品牌社区	问卷调查	动机驱动的，与企业或品牌进行的超越购买行为的行为表现	·社区契合行为 ·交易契合行为	社区契合行为包括阅读信息，点赞信息和写评论等 3 个题项；交易契合行为包括玩游戏频率，支付钱数等 2 个题项

31

续表

研究	契合客体	研究方法	定义	维度	行为维度的操作化
(Brodie et al., 2011)	在线品牌社区	网络志	用户与品牌、社区中其他成员之间具体的互动体验	·认知 ·情感 ·行为	无
Tsai et al., 2013	社交网站品牌页	问卷调查	用户与社交网站品牌页的交互	行为（消费行为和贡献行为）	消费行为包括阅读帖子和评论、加入品牌页等题项；贡献行为包括与品牌对话、分享、推荐、上传等题项
(Ray et al., 2014)	在线社区	问卷调查	基于对行为有效、有意义、挑战的认识，成员在社区中贡献行为的热情	行为	3个与积极参与社区活动相关的题项
(Hollebeek et al., 2014)	社交媒体中的品牌社区	质性研究、问卷调查	在与消费者/品牌交互过程中，消费者正向的、与品牌相关的认知、情感和行为活动	·认知 ·情感 ·行为	行为包括在品牌上花更多的时间，优先选择品牌，经常使用品牌4个题项
(Claffey, Brady, 2017)	企业建立的虚拟社区	问卷调查	顾客参与协作式知识互换、认知和情感反应的程度，这可以导致对某种关系的情感承诺	·认知 ·情感 ·行为	用参与价值共创活动的题项测量
(Lee et al., 2018)	脸书上的信息	回归分析	指对信息的点击、点赞、评论和分享	·行为	信息的实际点赞、评论、分享和点击数
(Hilvert-Bruce et al., 2018)	直播	问卷调查	参与直播	·情感 ·行为	情感连接、花费的时间、付费钱数
(Wongkitrungrueng et al., 2020)	脸书直播中的卖方	问卷调查	用户（或潜在用户）与品牌和企业的产品或组织活动的交互水平和连接水平，活动可以由组织或者用户发起	·心理情感 ·行为	花更多时间、关注和访问有直播的品牌页、追踪卖方活动，向他人推荐、购买产品
(Shen, Li et al., 2019)	社会化商务	问卷调查	用户的行为表现，它体现了用户在社会化商务活动中投入、参与、努力的水平	·行为	在社会化商务社区中写评论、参与活动、阅读评价频率等3个题项
(Bapna et al., 2019)	在线品牌社区	回归分析	用户对内容的点赞、分享和评论行为	·行为	点赞数、评论数

再次，几乎所有学者都认为顾客契合包括行为维度，一些学者对顾客契合的定义甚至只包含行为维度，如库玛（2010）用真实数据研究在线品牌社区中的顾客契合时用行为来表示顾客契合，范多恩等（Van Doorn et al.，2010）专门定义了顾客契合行为。学者对顾客契合行为是否应包括购买行为意见不一致。最后，顾客契合既包括用户主动形成的顾客契合，也包括企业发起的顾客契合（Beckers et al.，2018），用户发起的顾客契合是由用户的内在动机产生的契合，它与企业意图明确的行动无关，企业发起的顾客契合指企业明确地激起顾客契合的策略，比如要求顾客点赞品牌页或者在 YouTube 中创建视频。

本研究认为顾客契合是用户与企业（包括其组织的活动、建立的社区、发布的产品或服务），其他用户以及潜在用户交互过程中的认知、情感和行为投入水平，它包括认知、情感、行为三个维度，顾客契合行为指顾客契合展现出的所有行为，包括购买行为和非购买行为。

（二）顾客契合与相关概念的关系

顾客契合常被用来测量企业活动的结果。除顾客契合之外，还有许多其他以顾客为中心的构念，比如顾客卷入、顾客参与、顾客满意、顾客忠诚、顾客承诺等。本研究在表 2.4 中阐述了这些相近构念的定义，并强调了它们与顾客契合的关系，以使顾客契合的概念更加清晰。

表 2.4　与顾客契合相关的构念

构念	定义	与顾客契合的关系
顾客卷入	基于内在需求、价值和兴趣，个人对客体的感知关联（Zaichkowsky，1985）	卷入只是一个心理构念，不包含行为（Vivek，2009）
顾客参与	用户参与生产和提供服务的程度	只适用于交易情境
顾客满意	对产品和服务功能或产品和服务本身是否达到预期水平的评价，包括未达到或者超过预期水平	满意强调对过去体验的整体评价，契合则更关注组织和用户之间的互动（Hollebeek，2011）

构念	定义	与顾客契合的关系
顾客体验	顾客对实体、产品、服务的认知、情感、情绪、社会、身体反应，它本质上是种整体感受（Verhoef et al., 2009）	顾客体验是对组织行为结果的认知测量，不一定包括顾客行为，但是顾客契合包括对顾客行为的测量
顾客忠诚	对品牌态度良好，并且一段时间内持续购买品牌	忠诚主要反映了顾客的重复购买行为，契合不仅包括购买行为，还包括非购买行为
顾客承诺	维持珍贵关系的持久愿望（Moorman et al., 1992）	承诺反映了对品牌态度的深度，它以花费更多资源（时间和金钱）的形式潜入顾客契合框架

资料来源：根据相关文献整理。

　　与顾客契合最相关的概念之一是卷入。卷入是基于内在需求、价值和兴趣，对目标对象产生的感知相关性或重要性（Zaichkowsky，1985），与顾客契合相比，它只是一个心理构念，不包含行为（Vivek，2009），是顾客契合的一种重要前置因素（Vivek et al.，2012；So et al.，2016）。另一个相关概念是顾客参与，根据顾客参与的水平由低到高分别为企业生产、联合生产、顾客生产；顾客参与和共同生产及共创等相关概念只发生在与组织交易情境下（Vivek，2009）。品牌社区参与只是契合的行为维度，它是顾客契合的必要而非充分条件（Freitas et al.，2017）。学者还从实践角度区分了顾客契合与满意，满意是一个综合概念，它是对产品或服务事后的整体评价，与产品相关的因素，比如价格和可用性都可能影响满意度。而契合来自个人的产品或服务体验以及动机状态，它强调互动（Hollebeek，2011），价格和可用性等与产品相关的因素影响契合的可能性小，它反映了顾客消费更多的动机，比如消费频率、水平和使用深度（Calder et al.，2013）。体验和契合也有所不同，体验不假定动机，也不是一个情感关系概念（Brakus et al.，2009）。

（三）顾客契合的形成过程

　　学者通过定性研究提出了在线社区中顾客契合的形成过程。顾客契合生命周期包括：连接、交互、满意、保留、承诺、主张和契合，它是一个环形（Sashi，2012）。在线品牌社区中，费瑞塔斯等（Freitas et al.，2017）把正向顾客契合分为 5 个子过程：①通过学习获得认知技能；②通过积极贡献分享信息、知识和体验；③支持品牌从而积极评论；④社交、获得和发展态度、标准和语言；⑤在产品、品牌研发过程中共同开发。品牌认同会影响顾客参与品牌社区的意愿，进而进一步影响品牌社区参与和契合。张君慧（2017）在 Freitas 模型的基础上精练了语言，并且增加了社会增强子过程。具体来说，她认为正面顾客契合的形成包括 6 阶段：学习、分享、拥护、社交、社会增强和共同研究。社会增强指消费者努力提升自己在品牌社区中的声誉或名望。顾客契合既包括正面顾客契合，也包括负面顾客契合。负面顾客契合的形成过程与正面有所不同，包含发泄、建设性讨论、威胁性退出、协商和报复、妥协、回避 6 阶段（张君慧，2017）。以上正、负面顾客契合形成的过程都无须按部就班进行，可以越过一个或数个阶段，并且可以循环。

（四）顾客契合的测量

为了深入研究顾客契合，学者需要量表以在实证研究中使用。契合的客体不同，学者的量表也有差异，特别是对企业的契合与对在线品牌社区的契合，两者差异较大。最早研发对企业顾客契合量表的是维韦克（2009），他提出对企业的顾客契合包括热情、有意识地参与、社会交互 3 个维度。热情用花费许多时间、重度用户、热情、生活与众不同 4 个题项测量；有意识地参与用引起注意、进一步了解、非常关注 3 个题项测量；社会交互用喜欢与朋友们在一起、与他人在一起使用更有趣、周围的人同时做感觉更有趣 3 个题项测量。随后霍利贝克等（2014）从认知、情感、行为 3 个维度提出了社交媒体中顾客品牌契合的题项，认知包括"使用品牌让我思考""在使用品牌时会考虑很多""激发我更了解品牌" 3 个题项，情感包括"使用品牌让我感觉很积极"、很愉快、感觉很好 3 个题项，行为包括在品牌上花更多的时间、优先选择品牌、经常使用品牌 3 个题项。在以问卷调查方法研究社交媒体中的顾客品牌契合时，该量表常被使用。

除了研发量表，还有学者根据顾客契合的认知、情感和行为 3 个维度，借鉴其他情境下相似的概念的成熟量表来测量顾客契合。比如用认知评价的量表测量认知，用具体情绪（如喜欢、高兴、自豪、不喜欢、愉悦、生气、沮丧）的量表测量情感维度，用参与价值共创、在线社交平台参与、口碑等具体行为的量表测量顾客契合行为（Claffey，Brady，2017；Cheung et al.，2011）。克拉菲和布拉迪（Claffey，Brady，2017）用给予成功完成任务的机会、提供期望的收益、满足期望、满意 4 个题项测量对企业建立的虚拟社区做认知评价。

顾客契合是契合的一种，也有学者借用员工契合等其他领域中的量表进行测量。比如张等（Cheung et al.，2011）测量对社交网站的心理契合时参考了组织中的员工契合。作为一个二级构念，它包括活力、专注和奉献 3 个维度，活力涉及长时间持续使用在线社交平台、使用社交媒体时感觉有活力、有韧性、面对困难也能坚持不懈、投入大量精力、在社交媒体中尽力表现 6 个题项；专注包括感觉时光飞逝、忘记其他事情、很难被分散注意力、沉浸、思想专注、非常关注 6 个题项；奉献包括热情、鼓舞、有意义、激动、有兴趣、自豪 6 个题项。

由于行为维度的重要性，还有不少学者直接用行为测量顾客契合，特别是在在线社区契合的相关研究中。首先，用真实数据研究在线社区时，常采用点赞数、阅读数、评论数、分享数等指标来测量顾客契合。其次，在用问卷调查方法测量顾客契合时，也可以用社区契合行为、推荐行为、交易契合行为来测量顾客契合（Gummerus et al.，2012；Wongkitrungrueng et al.，2020），社区契合又可分为消费型契合和贡献型契合（Tsai et al.，2013）。古梅鲁斯等（Gummerus et al.，2012）用阅读信息、点赞信息和写评论频率 3 个题项测量社区契合行为；用玩游戏频率、支付钱数 2 个题项测量交易契合行为。蔡等（Tsai et al.，2013）用观看视频、浏览图片、阅读帖子和评论、点赞 / 加入品牌页测量消费型契合；用与品牌页对话、在主页中分享帖子、向联系人推荐品牌页、上传与产品相关的内容 4 个题项测量贡献型契合。黄吉伦格鲁恩等（Wongkitrungrueng et al.，2020）同时考虑了社区契合行为、推荐行为和交易契合行为（购买）。这些研究成果为在线顾客契合行为的分类提供了极大帮助。

（五）顾客契合的结果

除了前置因素和顾客契合的测量，学者也特别关注顾客契合的结果及价值。

首先，顾客契合能为企业带来价值。顾客契合能改善品牌关系质量，增加用户信任和满意度，最终实现品牌忠诚（So et al.，2016）；顾客通过购买行为能直接为企业产生利润（Kumar et al.，2010），顾客心理契合和行为契合均正向影响游戏在线销售额（Cheung et al.，2015），脸书和 YouTube 中的顾客契合行为与电影票房正相关（Oh et al.，2017）。顾客拥有的资源包括社交网络资产、劝说资本、知识储备和创造力（Harmeling et al.，2017），契合的顾客除了自己为企业带来利润，还会充分利用其资源为企业带来价值。在线品牌社区中的顾客契合行为有助于扩大社区规模（Bapna et al.，2019）；由于用户发表信息的感知诊断性更高，顾客通过信息分享、口碑、交互和帮助其他顾客使用产品，不仅能增加说服力和其他顾客的转换率，进而为企业获取新顾客，还能说服已有顾客继续使用产品，提高顾客交叉购买的意愿（Bitter et al.，2016）；顾客通过理解客户偏好和参与知识开发过程，还能帮助研发新产品 / 服务，改善产品 / 服务质量。不同类型的顾客契合行为也会相互影响，比如对企业社交网站的契合能增加用户的口碑意愿（Zhang et al.，2016）。不仅正向顾客契合能为企业带来价值，有时负向顾客契合也能为企业带来价值，如果用户熟悉品牌，关系不好的友人发表的负面评价反而会增强用户的购买意愿（Bitter et al.，2016）。

其次，顾客契合还能为用户带来价值，帮助其他用户获得他人的感激，从中产生成就感（Jaakkola，Alexander，2014）。

三、顾客契合行为

尽管顾客契合是多维度构念，但是顾客的认知和情感维度较难测量（Oh et al.，2017），且行为能直接为企业带来价值，因此许多学者通过顾客契合的行为维度来研究顾客契合，本研究认同此观点，因此下面将全面梳理顾客契合行为的相关研究。如前所述，几乎所有学者都认为顾客契合包括行为维度，本研究首先分析顾客契合相关研究中对行为的表述和量表中的行为测量；其次，自顾客契合行为作为一个独立构念被提出后，有些研究直接探讨顾客契合行为，因此，本研究以"顾客契合"和"顾客契合行为"为关键词获取文献以深入了解顾客契合行为。

（一）顾客契合行为的定义

顾客契合行为（Customer Engagement Behavior，CEB）作为一个独立构念，最早由范多恩等（Van Doorn et al.，2010）提出，它认为顾客契合行为是在动机驱动下，顾客对品牌或者企业执行的行为，此行为不限于购买，这个定义被广泛使用。范多恩等（2010）着重分析了顾客契合行为中的非购买行为，邵景波等（2017）和鲁皮克等（Rupik et al.，2015）认为范多恩的定义中未包括购买行为。但是库玛等（2010）明确提出顾客契合行为包括购买行为，他们认为顾客契合行为是各类角色之间的交互，通过交互为企业带来价值。交互的角色不仅包括用户与企业或者品牌，还包括用户与其他用户、用户与其他潜在用户的交互，具体来说包括购买、推荐、影响和知识四种行为。社交媒体支持用户生成内容，这使顾客与企业、用户交互的形式更多样。雅克拉和亚历山大（Jaakkola，Alexander，2014）在范多恩等（2010）定义的基础上提出"用户通过顾客契合行为自愿提供以品牌或企业为核心的资源，这些资源不限于购买，且由动机驱动、发生在与焦点对象和／或其他角色的交互中"。此定义强调交互行为中投入的资源，涉及的资源包括金钱、时间、努力或者社会关系。由此也可以看出雅克拉和亚历山大（2014）认为顾客契合行为包括购买行为。

基于以上文献，本研究认为顾客契合行为是用户投入资源与企业或品牌、其他用户和潜在用户的交互；用户与企业或品牌的交互体现在参与与企业相关的活动、使用其提供的产品和服务等多方面。

（二）顾客契合行为的类别

顾客契合行为包括丰富的内容，标准不同，其划分方式也有差异。基于已有文献，本研究将根据不同标准划分顾客契合行为的类别，见表2.5。

表 2.5　顾客契合行为（CEB）的类别

分类标准	顾客契合行为类别	内涵	举例	相关研究
效价	正面 CEB	能为企业带来正面结果的 CEB	传播正面口碑、点赞	（Van Door et al.，2010）
	中性 CEB	用户未明确表明情感的 CEB	评论	
	负面 CEB	会为企业带来负面结果的 CEB	抱怨、传播负面口碑、抵制产品	
活动的发起者	企业发起的 CEB	企业通过策略有意识刺激用户产生的行为	要求顾客点赞品牌页	（Vivek et al.，2012；Beckers et al.，2018）
	用户发起的 CEB	由用户的内在动机产生的契合行为，它与企业有明确意图的行为无关	用户自发传播口碑、帮助其他用户	

续表

分类标准	顾客契合行为类别		内涵	举例	相关研究
交互渠道	在线 CEB		通过互联网执行的 CEB	电子口碑、价值共创、参与在线社区的各种行为	（Cvijikj et al.，2013；Zhang et al.，2019）
	线下 CEB		未通过互联网、在线下执行的 CEB	面对面口碑、参与组织在线下组织的互动	（Wirtz et al.，2002）
投入资源	投入金钱	交易型 CEB	各种购买行为	订阅知识、在游戏中付费	（Gummerus et al.，2012；Wongkitrungrueng et al.，2018）
		非交易型 CEB	无须投入金钱的 CEB	推荐行为、影响行为、知识行为	
	社交	个人型 CEB	内在动机驱动，反映了用户体验行为	消费内容、收藏、点赞	（Oh et al.，2017；Calder，2009）
		互动型 CEB	由内在动机和外部动机驱动执行的参与和社会化行为，更加重视他人的投入	分享（如电子口碑、打卡）、生成信息（评论、发帖等）	
	时间和精力	消费型 CEB	阅读企业和用户生成内容	阅读帖子	（Dolan et al.，2019）
		参与型 CEB	参与社会交互和社区发展	点赞	
		创造型 CEB	生成与某一主题相关的内容	发帖	
价值	购买行为		购买	购买知识型产品	（Kumar et al.，2010）
	知识行为		向企业提供反馈，以促进产品创新和改进	价值共创	
	推荐行为		用户参与企业发起的推荐活动的行为	参与推荐奖励计划	
	影响行为		通过贡献知识、体验、时间等资源来影响他人对焦点企业的感知、偏好或者知识	上传与产品相关的视频	（Kumar et al.，2010）

续表

分类标准	顾客契合行为类别	内涵	举例	相关研究
价值	增加行为	用户通过贡献知识、技能、劳动力、时间等资源，直接扩大和增加焦点企业提供的物品和服务，这些物品和服务无法直接交易	在社交媒体中发布帖子、发明产品的替代用途	（Jaakkola，Alexander，2014）
	共同发展行为	用户通过投入资源促进焦点企业的产品和服务的发展	为产品设计提建议	
	影响行为	用户通过贡献知识、体验、时间等资源来影响他人对焦点企业的感知、偏好或者知识	用正面的口碑宣传企业	
	动员行为	用户投入资源和时间动员其他利益相关者对焦点企业的行动	动员其他人支持某项活动	

第一，根据效价划分顾客契合行为。顾客契合行为可以是正面的、负面的（Van Door et al.，2010），也可以是中性的。正面顾客契合行为指能为企业带来正面结果的顾客契合行为，这种正面结果可以是长期或短期、财政或者非财政的。当消费者的目标与企业目标一致时，顾客契合对企业有积极影响，比如正面口碑、点赞；如果顾客和企业目标不一致，顾客契合可能有负向影响，即产生负面顾客契合行为，比如抱怨、传播负面口碑、抵制产品等。中性顾客契合行为指用户未明确表明情感的顾客契合行为，其影响不确定，比如评论，它既可以表达正面情绪，也可以表达负面情绪和中性情绪（Yang et al.，2019）。本研究主要关注正面的顾客契合行为，下面的分类也主要基于非负向顾客契合行为。

第二，根据用户的交互渠道，顾客契合行为可分为在线顾客契合行为和线下顾客契合行为。通过社交媒体等互联网渠道进行的顾客契合行为叫作在线顾客契合行为，行为中未使用互联网的顾客契合行为属于线下顾客契合行为，购买、影响、推荐、知识等行为在线上和线下均可实现。线上顾客契合行为包括传播电子口碑（如向他人发送电子邀请）、参与价值共创（Claffey，Brady，2017）、在线社区中的各种行为（如阅读、点赞、为服务平台、评论、发帖）等。线下顾客契合行为也包括面对面传播口碑、参与组织在商场等线下场所组织的活动（Harmeling et al.，2017）、动员行为等。

第三，根据活动的发起者划分顾客契合行为。顾客契合行为既可以由企业发起，也可以由用户发起（Vivek et al.，2012；Beckers et al.，2018）。用户发起的顾客契合行为是由用户的内在动机产生的契合行为，它与企业有明确意图的行为无关，比如，用户自发传播口碑、阅读和收藏帖子、帮助其他用户；企业发起的顾客契合行为指企业通过策略有意识刺激用户产生的行为，比如要求顾客点赞品牌页、在 YouTube 中创建视频、推荐奖励计划。

第四，根据投入的资源划分顾客契合行为。首先，根据是否投入金钱，顾客契合行为可以分为交易型和非交易型（Gummerus et al.，2012），交易型顾客契合行为可以用购买频率、花费数目等来测量（Gummerus et al.，2012；Wongkitrungrueng et al.，2020）。根据是否需投入社交，考尔德等（Calder et al.，2009）和奥等（Oh et al.，2017）把在线顾客契合行为分为个人型（Personal Engagement）顾客契合行为和互动型（Interactive Engagement）顾客契合行为。个人顾客契合行为由内在动机驱动，反映了用户的体验，比如关注在线社区、消费内容、收藏、点赞帖子，互动型顾客契合行为由内在动机和外部动机驱动，它重视他人的投入，包括社会化及参与社区，比如向联系人推荐品牌页、分享、评论帖子等。非交易型顾客契合行为包括有多种划分方式，根据投入时间和精力资源的多少，在线社区顾客契合可分为消费型、参与型和创造型（Dolan et al.，2019）。消费型顾客契合行为指阅读企业和用户生成的内容，参与型指参与社会交互和社区发展，它通过点赞、评论、分享他人的创造实现，创造型顾客契合行为指生成与某一主题相关的内容，消费型顾客契合行为投入资源最少，创造型投入的资源最多。

第五，根据价值划分顾客契合行为。根据价值，库玛等（2010）把顾客契合行为分为了购买行为、影响行为、推荐行为和知识行为，雅克拉和亚历山大（2014）把线下服务系统中的顾客契合行为分为增加行为（Augmenting Behavior）、共同发展行为、影响行为和动员行为（Mobilizing Behavior）。他们都直接用到了影响行为，它指通过贡献知识、体验、时间等资源来影响他人对焦点企业的感知、偏好或者知识，比如主动传播口碑、向新客户展示如何最大限度地利用产品。库玛等（2010）的推荐行为特指用户参与企业发起的推荐活动的行为。知识行为指向企业提供反馈，以促进产品创新和改进。增加行为是用户通过贡献知识、技能、劳动力、时间等资源，直接扩大和增加焦点企业提供的物品和服务，这些物品和服务无法直接交易，比如在社交媒体中发布帖子、发明产品的替代用途。共同发展行为指用户通过投入资源促进焦点企业的产品和服务的发展，比如为产品设计提建议，它与库玛所说的知识行为含义类似，也与克拉菲和布雷迪（Claffey，Brady，2017）所指的参与价值创造活动相似。与增加行为相比，共同发展行为作用的对象是交易的基础。动员行为是用户投入资源和时间动员其他利益相关者对焦点企业的行动，动员行为为企业向现有关系之外的用户发起价值共创提供了机会，然而这种行为可能产生积极行为，也可能产生消极行为。

由上可以看出，顾客交互的客体可以是产品、服务、品牌等提供物（如从产品中获得独特体验和内部价值），也可是项目、事件等活动（如参与企业推出的产品设计活动、商场中组织的活动）（Vivek et al.，2012）。顾客交互的对象既可是企业及其员工，也可是企业的消费者（Roy et al.，2018），帮助企业（如向企业提供有用反馈、参与至产品的设计和配置、提供员工的服务情况）属于与企业交互，帮助其他顾客（如教其他顾客正确使用服务、解释如何使用服务）和口碑属于与企业的消费者交互。

（三）在线顾客契合行为

尽管一些知识服务商也推出了线下服务（严建援 等，2019），但是用户使用互联网知识型产品和服务的主要方式还是通过移动互联网，用户与知识服务商、知识生产者和其他用户交互的主要渠道也是社交媒体，因此本研究主要关注在线顾客契合行为。

社交媒体基于 Web 2.0 思想和技术，它支持用户生成内容的创建和交流（Kaplan，Haenlen，2010），为线上交互提供了基础。具体来说，社交媒体包括维基、博客、微博、社交网站（如脸书和朋友圈）、媒体分享网站、评论网站和投票网站（Munar et al.，2014）、社会化问答社区等多种形式。它们在社会交互程度、时间结构、沟通可达性、社会线索数量、背景丰富性（如与个人身份相关的信息和环境背景）、网站管理者的等级层次和控制程度等方面都有差异，比如社交网站通常比其他类型的社交媒体平台提供更多的社会线索。企业采用各类社交媒体应用进行营销（Hoffman et al.，2010），培养顾客契合是企业实施社交媒体营销的目标之一，社交媒体营销支持的顾客契合行为获得的回报率也更高（Beckers et al.，2018），因此在线顾客契合行为，特别是社交媒体中的顾客契合行为研究越来越多。

社交媒体提供的功能主要包括关注社区、消费内容（包括阅读内容、浏览图片或视频）、点赞、收藏、在线评分、评论/回答、主动发帖和分享。分享既包括在消费内容的社交媒体中分享信息（无指定的信息接收者），如微博中的转发、微信中的分享至朋友圈，也包括向特定的社交网络推荐信息，如分享给微信好友。

电子口碑（eWOM）是潜在消费者、实际消费者或者之前的消费者对产品或企业的正面或者负面陈述（Hennig-Thurau et al.，2004）。社交网站中的联系人多属于消费者已有的社交网络，这使得社交网站中的电子口碑比陌生人的口碑更加可信。eWOM 是一种典型的互动型在线顾客契合行为。社交媒体中的电子口碑行为包括获取意见、给予意见和传递意见。与传统口碑相比，电子口碑的传播速度更快、更便利，其获取没有地点和时间限制、传播时没有面对面沟通的压力（Wang et al.，2016）。由于社交媒体的普遍存在、移动性和交互性，它已成为广泛采用的传播电子口碑的渠道（Meuter et al.，2013），既包括独立来源（如社交网站、评论网站），也包括企业控制的来源（如企业网站上顾客的推荐）。在社交媒体中通过评论和发帖的形式直接陈述与产品或企业相关的信息属于 eWOM（Cheung et al.，2012），它可能是正面的或者负面的；除了语言评价，评论网站还设计了评分功能，评分也属于一种 eWOM（Zhang et al.，2019）；点赞体现了正面情感，点赞与产品或企业相关的信息也是一种 eWOM（Rossmann et al.，2016）；把与产品或企业相关的链接分享至社交媒体或者直接将其推荐给社交网络中的好友也属于电子口碑（Ahrens et al.，2013）。在线社区中参与价值共创活动体现为分享与需求相关的信息、表达个人需求、为改善产品和服务提供建议（Claffey，Brady，2017），这可以通过在社交媒体中发表评论或发帖等生成信息行为实现。教其他顾客如何正确使用服务、解答用户提问等帮助顾客的行为也可通过生成信息行为实现。

第三节 非交易型在线顾客契合行为的前置因素

厘清在线顾客契合行为的定义及其包含的内容后，学者探讨了在线顾客契合行为的前置因素，第一节已经梳理了影响用户付费意愿的影响因素，因此本节主要关注非交易型在线顾客契合行为，主要体现为在线品牌社区契合、电子口碑和参与价值共创。通过梳理已有文献，本研究将非交易型顾客契合行为的前置因素分为基于内容、基于顾客、基于企业／品牌和基于情境四类，下面将详细阐述各类前置因素。

一、基于内容的前置因素

企业和用户均可在社交媒体生成内容，这些内容促进企业与用户、用户与用户交互，学者从不同角度探讨了内容对顾客契合行为的影响。

（一）内容类型

企业生成内容的类型会影响用户行为。根据不同的标准，在线品牌社区中帖子的内容类型也有多种划分方式：根据广告的划分方法、根据使用和满足理论、根据意义构建、根据主题。根据广告的划分方法，内容可分为信息型和劝说型（Lee et al.，2017）。根据使用和满足理论，内容可分为娱乐型（未涉及品牌或特定的产品）、信息型（包含具体产品、品牌和企业信息）和报酬型（包含抽奖信息）（Cvijikj，Michahells，2013）、社交型（其主要目的是鼓励用户参与，如回应提问和声明）（Luarn et al.，2015）。企业在社交媒体中发布帖子还可以看作一种意义构建（sensegiving）行为，从此角度来看，企业发布内容的意义包括传递企业可信性、组织专业性、组织成就、寻求意见和经济奖励（Bapna et al.，2019）。具体来说，帖子中涉及的关键成员的能力、与专家的联系，产品和产业知识的帖子可传递企业可信性，体现专业过程和专业结构的帖子可传递组织专业性，帖子中包含的重要合作伙伴或重要奖励、产品奖项、媒体提及可传递组织的成就。根据主题划分帖子内容时，主题与研究对象所处的行业及其相关设定紧密相关，比如舒尔茨（Schultz，2017）将衣服和食品零售商的帖子根据主题分为慈善、比赛、招聘、新闻报道、与产品不直接相关信息型帖子（如食谱）、假期、产品、促销、声明。

顾客对不同内容的契合度不同，比如用户对劝说型（包含幽默、情感、诉求等内容）帖子的契合度较高，对信息型帖子（包含与价格、促销、产品情况等相关的信息）的契合度较低，将以上两种内容结合可以提高契合水平（Lee et al.，2017）。不同情境下，相同类型的内容对不同的顾客契合行为的影响也不同。脸书上快消品品牌社区的数据表明，娱乐型内容对点赞率、评论率和分享率都有正面影响，信息型内容对点赞率和评论率有正面影响，对分享率没有影响，报酬型内容只对评论率有影响（Cvijikj et al.，2013）。但是卢恩等（Luarn et al.，2015）根据脸书上 Dove，Adidas，Visa，Pampers，Nissan，Johnnie Walker Knorr，Starbucks，PAZZO 和 Cwbook 品牌的数据发现娱乐型和信息型帖子获得的分享更多，报酬型内容获得的点赞更多，社交型帖子获得的评论更多。巴普纳等（Bapna et al.，2019）发现与产品和产业知识（传递可信性）、里程碑信息、合作伙伴、获奖情况（传递组织成就）、寻求意见、促销信息相关的帖子与契合（点赞数）相关。

除了企业发布帖子（FGC），品牌社区中还有用户生成内容（UGC），UGC 的类型也影响顾客契合行为。杨等（Yang et al.，2019）发现脸书的品牌社区中用户发布的负面评论显著多于正面评论，且负面评论比正面评论收到更多的点赞数和评论数，针对不同类型的负面抱怨（抱怨产品和服务质量，抱怨与钱相关的问题，抱怨社会和环境问题）收到的评论数和点赞数也不同。

（二）内容的生动性和交互性

生动性指内容对各种感官刺激的程度，如文本的生动性较低，图片、视频的生动性则较高。生动性对在线顾客契合的影响的研究结论并不一致，茨维吉克等（Cvijikj et al.，2013）和卢恩等（2015）认为帖子表达的方式越生动，顾客的契合度越高，但是此结论在彭晨明等（2016）对微信帖子的研究中并不成立。

交互性指双方或者多方可以彼此沟通的程度，比如文本的交互性较低，投票、链接、提问的交互性则较高。茨维吉克等（2014）的研究表明脸书上帖子的交互性越强，契合度则越低，这可能是因为交互性高的帖子需要更长的契合时间，但这与一般社交网站的使用方式不符；但是卢恩等（2015）得出的结论与此正好相反。

另外，内容的长度、可读性也可能会影响到顾客契合行为（Yang et al.，2019）。

二、基于顾客的前置因素

（一）个人特点

用户的人格特质会影响在线品牌社区中的顾客契合。外向性、亲和性、负责性、经验开放性、神经质、活跃性需求、学习需求、唤起需求、利他需求等人格特质会影响在线顾客契合行为（Marbach et al.，2016）。其中，外向性对顾客契合的影响最强，负责性负向影响顾客契合（UI Islam et al.，2017）。顾客的调节匹配特点和在线社区中活动类型的匹配度也会影响其在社交媒体中的点赞和评论行为（Solem et al.，2016），以预防为导向的品牌活动最能激发采用警惕策略的客户的契合，以促进为导向的活动能激发各种策略顾客的契合。个体的在线交互倾向也会影响其社交媒体契合（Dessart，2017）。另外，易受社会标准影响的用户更愿意在社交网站中表达建议（Chu et al.，2011）。

（二）动机

动机也会影响顾客契合行为。动机是与行为的唤醒、方向、强度、持久性相关的心理过程，它是自愿的，且有目标导向（Mitchell，1997）。动机包括内在动机和外在动机，动机影响行为。用户在社交媒体中分享正面口碑的动机可以分为社交、情感和功利三大类，这与用户在知识社区中分享知识的动机相一致（Yan et al.，2016；Zhao et al.，2016；Kang，2018）。社交是用户生成口

碑的主要动机，它包括很多类别。首先，发布电子口碑使口碑传播者成为与该
产品或者企业相关的在线社区的成员，发布口碑可能使他们与社区中的成员建
立关系（Hennig-Thurau et al.，2004），此时用户的动机为社会交互和社区归属
感，该类社交动机也被称为社会整合动机（Claffey，Brady，2017）。其次，通
过发布信息还能有意识地进行形象管理，比如通过意见平台发布口碑，期望获
得消费专家、智慧购物者等正面声誉，获得他人的认可，此时用户的动机为形
象管理、自我强化等（Hennig-Thurau et al.，2004；Vilnai-Yavetz et al.，2018；
Cheung et al.，2012）。该类社交动机也被称为个体整合动机（Claffey，Brady，
2017）。最后，享乐、情感表达等与情感相关的动机也会驱动用户传播电子口
碑（Cheung et al.，2012；Berger，2014）。享乐包括两类，第一类是社交媒体
分享这种行为能为分享者带来愉悦感（Vilnai-Yavetz et al.，2018）；第二类是
分享口碑帮助到了其他用户而获得愉悦感（Cheung et al.，2012），比如口碑帮
助他人购买到了更满意的产品。第二类享乐动机也体现了用户的利他主义。功
利动机指与获得工具性利益相关的行为驱动力，比如经济奖励（Vilnai-Yavetz
et al.，2018，Hennig-Thurau et al.，2004），营销者认识到口碑对企业绩效的重
要影响后，为了鼓励用户生成口碑，常用经济手段奖励口碑生成者，这对口碑
生成者也是一种认可。

（三）社会特征

用户的社会特征一方面会影响自己执行契合行为的意愿，比如意见领袖、
市场行家更喜欢传播口碑（Li et al.，2011），社交网站联系人的关系强度、同
质性、人际影响等社会因素会影响用户的电子口碑行为（Chu et al.，2011）；
另一方面它也影响他人的契合行为，比如在线品牌社区和社交网站中，积极
用户生成的内容获得的点赞、评论更多（Yang et al.，2019；Rossmann et al.，
2016）。

（四）认知评价

用户在行动时会考虑感知收益和感知成本（Zheng et al.，2015）。用户感知使用社交媒体品牌页的功能价值、社交价值、情感价值、创新价值和关系建立价值越高，越可能进行购买、反馈、影响和持续使用行为（Carlson et al.，2019）。产生顾客契合行为需要三类成本：认知成本、执行成本和社交成本（Kankanhalli et al.，2005；Jin，Huang，2014；Yan et al.，2016）。认知成本指完成任务需要的认知资源（Payne et al.，1990），比如从记忆中检索相关知识。执行成本指执行活动时个人花费的时间、物质成本和财政资源（Yan et al.，2016），执行成本与感知努力（Kankanhalli et al.，2005）相一致。社交成本指信息分享导致的分享者在信息接收者心中形象的变化，或者分享者和接收者关系的变化（Jin，Huang，2014），在涉及经济奖励的推荐奖励项目中，社交成本体现得较为明显。认知评价会直接影响顾客契合行为，情感还会正向调节此过程（Claffery et al.，2017）。

三、基于企业 / 品牌的前置因素

（一）品牌 / 产品的特点

品牌价值大小会影响人们的口碑意愿，人们更愿意自愿推荐强品牌（Ryu et al.，2007；Jin et al.，2014）。电子商务平台上，人们更愿意给满意的产品和店铺好评（曾慧 等，2018）。社交媒体平台的任务吸引力、社交吸引力和界面设计吸引力通过社区卷入影响顾客契合（Shen et al.，2019）。有用、趣味性高、象征意义强、体验型的产品能获得更多的口碑（李研 等，2018）。

（二）用户 – 企业 / 社区的关系

采用直播的社会化商务中，对卖方的信任影响顾客契合行为，且对产品的信任不影响顾客契合行为（Wongkitrungrueng et al.，2020）；对社区中成员的信任会影响社区卷入，导致社会化商务契合，个人兴趣会加强此正向影响（Shen et al.，2019）；品牌认同也能通过品牌忠诚和社区认同正向影响 eWOM 的意愿（Yeh et al.，2011）。

（三）组织奖励

为了利用顾客的推荐价值，企业常为推荐者提供各种奖励。比如，给购物券能增加用户的推荐意愿，且对弱品牌和弱关系的效果更加明显（Ryu et al.，2007）。但是组织奖励对用户执行正向契合行为的激励效果并不总有效，比如当对产品不满意时，给现金奖励反而可能降低用户给产品和店铺好评的意愿（曾慧 等，2018）。

（四）行业特征

品牌所在行业也会影响用户行为。首先，心理卷入是顾客契合的前置因素（Vivek et al.，2012），且不同类型产品的卷入程度不同，因此顾客契合行为也与产品类别相关，比如与其他类型品牌相比，奢侈品牌用户的契合受欲望和社交价值影响更大（Prentice et al.，2018）；内容类型、交互性、生动性等对点赞、评论数的影响在食品和服装两个行业中有很大差异（Schultz et al.，2017）。其次，服务业和产品行业中各因素对顾客契合行为的影响强度也不同，与产品行业相比，服务业中的满意度对直接贡献的影响更大（Pansari et al.，2017）。

四、基于情境的前置因素

（一）帖子的发布时间和位置

帖子的发布时间也会影响顾客契合行为。帖子发表在工作日比周末评论率更高，点赞率更低，对分享率没有影响；发表在高峰时期的帖子，点赞率和分享率更低，评论率不受影响（Cvijikj et al.，2013）；在用户活跃时间（8:00—14:00，18:00—20:00）推送的微信帖子阅读数更多（彭晨明 等，2016）。帖子在品牌页置顶的时间越长，获得的顾客契合度越高（Schultz，2017；彭晨明 等，2016）。

（二）社交媒体类型

社交媒体类型对顾客契合行为的影响也有差异。在微信公众号中，内容的生动性、娱乐性对阅读数和点赞数都无影响（彭晨明 等，2016），这与前文所述茨维吉克等（Civijiki et al.，2013）基于脸书的研究结果不一致。脸书、Youtube 和推特（Twitter）上用户的关注、点赞和发帖的行为也都不同，这从脸书、Youtube 上的顾客契合行为会正向影响电影票房收入，但推特上的不会（Oh et al.，2017）可以体现出来。在线品牌社区的创建者身份（消费者或企业）、社区规模大小，这些差异会通过社会化认同等影响在线社交网站中顾客的参与和推荐行为（Lee et al.，2011）。用户感知社交网站联系人的关系强度越紧密，越愿意在社交网站中获取和传递意见；相反，用户感知社交网站联系人越同质化，越不愿意在社交网站中获取和传递意见（Chu，Kim，2011）。

（三）交互用户的特征

口碑传播中，受众的规模、口碑传播者与接收者的关系会影响用户的口碑行为。当受众规模较大或者受众是陌生人时，人们更倾向于传播正面口碑；人们愿意对陌生人传播正面口碑是因为希望通过树立良好形象以吸引陌生人，此现象在与朋友的交互中不存在，这是因为与朋友分享的主要动机是情感联系（Chen，2017）。

第四节　其他相关理论

一、使用和满足理论

使用和满足理论（Use and Gratification Theory）源于传播学的研究，它包含 5 个基本假设：①个体基于特定目的使用媒体；②个体是理性的，他们了解自己的需求，并能够准确表达；③个体了解哪种媒体能满足自身哪种需求；④各种媒体在满足个体需求方面是竞争关系；⑤个体选择媒体时只是基于媒体对自身需求的满足程度，与价值好坏无关。这一理论从媒体使用者的角度出发，探究在各类媒体上，什么类型的内容能满足用户的社交和心理需求（Cantril，1942），促进用户使用媒体。随着媒体的不断演进，学者对使用和满足理论的探讨也在不断进行。在电视媒体时代，学者识别了心理能力、与父母和朋友的关系等影响因素。互联网出现之后，依托于互联网的新媒体具有交互性、分众化和异步性的特点（Ruggiero，2000）。交互性指交流过程参与者控制、交换角色的程度；分众化指用户自己选择媒体的能力；异步性指信息的发送者发送信息的时间和接收者接收信息的时间可以不同步，信息接收者在其方便时接收信息即可。社交媒体作为一种通信机制，允许用户与成千上万、来自世界各地的个体沟通，它出现之后，学者开始探讨用户使用各类社交媒体的动机是什么，哪些因素驱使用户使用社交媒体，用户通过社交媒体交互哪些信息。

总体来说，社交媒体可以契合用户的 10 项感知使用和满足：社会交互、信息获取、消磨时间、娱乐、放松、意见表达、通信效用、便利效用、信息分享、监督或者获取他人的知识（Whiting，Williams，2013）。这些感知使用和满足可以为用户带来认知收益、社交综合收益、个人综合收益和享乐收益（Verhagen et al.，2015）。认知收益指媒体提供满意信息、帮助用户完成学习的能力；社会综合收益指媒体促进社会交互和连接用户的能力；个人综合收益指媒体加强用户自信、帮用户获得身份、建立声誉和实现自我效能的能力；享乐收益指用户使用媒介时获得的愉悦、享受和审美情趣（Verhagen et al.，2015）。社交媒体类型丰富，对于不同的社交媒体，用户希望获得的满足并不相同。通过社交网站游戏，用户获得了情感满足（成就感）、社交满足（社会存在和社会交互）和享乐满足（幻想、逃避限制和乐趣）（Li et al.，2015）。用户使用微信主要是为了获得技术满足，接下来是享乐满足和获取信息（Gan et al.，2018），使用微信公众号则主要是为了获取信息价值和情感价值（范钧，2017）。由上可以看出，使用和满足理论能很好地解释用户使用社交媒体的行为。本研究用使用和满足理论分析用户使用知识型微信公众号和在社交媒体中公开打卡的动机。

二、社会交换理论

社会交换理论（Social Exchange Theory）是社会心理学主要的理论之一，它建立在功利主义和行为主义的哲学、心理学基础上，主要解释各类角色的社会交换行为（Blau，1964）。两个或两个以上个体间的交换活动或多或少是有收益或者成本的，被交换的活动、收益和成本可以是无形，也可以是有形的（Homans，1961）。成本指各角色放弃的其他活动或者机会，收益可以由其他人或者非人类环境提供，行为是与收益和成本相关的函数。社会交换中假设利益关系长期存在，而非一次性交易（Molm，1997），且未具体规定各方义务。个体受期望从他人处获得回报驱动，自愿进行社会交换（Blau，1964）。个体在决策行为时可以回顾过去，也可以关注未来，回顾过去时强调强化的作用（Homans，1961），关注未来时则强调行为的经济性和功利性（Blau，1964）。

作为持强化观点的代表人物，霍曼斯（Homans，1961）主要探讨了两个个体之间的交换，他提出了 5 个假设：①产生正面结果的行为更可能被重复；②过去受到奖励的行为，未来遇到相似的情境时，将会被执行；③行动的结果对个体越有利，个体越可能执行；④个体最近收到的某种奖励越频繁，单位奖励给其带来的价值越低；⑤当个体未收到预期的奖励时，会产生负面情绪，比如生气、产生暴力冲动。关注功利性的学者认为用户会判断行为的预期收益，以最大化收益或者最小化成本。在一些情境下，相互依赖的交互可能产生高质量的关系，如信任、忠诚、承诺。社会交换的过程需遵守一些规则，如互惠、协商后达成规则、利他、合理、群体利益优先等（Cropanzano et al.，2005）。其中互惠是最重要的准则，可以分为 3 类：①作为一种相互依赖的交换的互惠；②作为一种信念的互惠；③作为一种道德规范的互惠。

随着社交媒体的发展，营销和信息系统领域的学者常用社会交换理论解释用户采纳、贡献和获取知识以及社交媒体中的自我披露等行为，他们多持功利性主义观点，认为用户在执行行为时会考虑行为的预计收益和潜在成本，他们识别了用户执行各种行为的感知收益和成本，发现感知收益包括内在收益和外部收益。免费分享知识的背景下，知识获取者的预计收益包括知识增长和感知社区支持，成本是获取知识时花费的时间和努力（Tsai et al.，2019）；知识贡献者的预计收益包括声誉或形象、未来得到别人的帮助、自我实现、助人的愉悦感、组织奖励、互惠（Tsai et al.，2019；Kankanhalli et al.，2005），成本是贡献知识时花费的时间和努力以及知识势能的损失（Kankanhalli et al.，2005）。其中，知识的增长、助人的愉悦感、自我实现属于内在收益，其他则属于外部收益。在社交媒体中自我披露时，用户的感知收益包括感知维持关系的便利性、关系建立、愉悦感和自我展示，成本包括感知隐私风险、对服务提供者的信任和感知匿名性（Liu Zilong et al.，2016），感知利益和风险与个体特征和服务特征相关（李凯 等，2016）。由上可以看出，社会交换理论能很好地解释用户在社交媒体中的分享行为。本研究采用社会交换理论分析用户在社交网站中的公开打卡行为。

三、感知价值理论

零售领域中，顾客的消费选择受价值驱动（Levy，1999）。管理者需要了解顾客的价值是什么，为了在市场中获得竞争优势应该重点关注什么，因此，价值创造是组织任务和组织目标的一部分，它是组织长期成功的关键。泽瑟摩尔（Zeithaml，1988）认为感知价值是消费者对产品（或服务）效用的整体评价，这种评价基于对产品（或服务）的理解。学者对感知价值的理解因情况而不同，有时把它当作一个整体构念，有时把它当作一个多维度构念。作为多维构念时，学者最初常用质量和价格比衡量价值，即把感知价值分为质量和价格两个维度。消费者对金钱的感知价值有差异，有人认为价格低时感知价值高，有人认为当质量和价格平衡时感知价值高。后来一些学者认为只根据质量和价格判断价值太简单，消费过程还涉及象征、享乐、审美、社交等方面，在此观点下，谢恩等（Sheth et al.，1991）和吉利恩等（Jillian et al.，2001）的划分方法被广泛采用。谢恩等（1991）提出感知价值包括 5 个维度：功能价值、社交价值、情感价值、认知价值和条件价值（conditional value）。功能价值指从功能性、实用性和物理性中获得的感知效用，如可靠性、价格、耐用性，常作为消费者选择的主要驱动力；社交价值指从一个或多个特定社会群体的关系中获得的感知效用，可见度高的产品（如珠宝、服装）和与他人分享的产品或服务（如礼物）通常受社交价值驱动；情感价值指从产品或服务唤起的情感中获得的感知效用，它常与美学相关；认知价值指从产品或服务激发好奇心、提供新颖性或者满足对知识的渴望中获得的感知效用，当接触完全新的事物或体验时，认知价值会发挥作用；条件价值指选择者面临特定情况或者一系列情况时获得的感知效用，它体现出消费者的效用常与情景相关。吉利恩等（2001）把功能价值分为质量价值和价格价值，未考虑认知价值和条件价值。虽然以上感知价值的划分是谢恩等（1991）和吉利恩等（2001）基于线下情境提出的，但是许多学者仍在互联网购物环境下采用了他们的划分方法，哈马尔等（Hamari et al.，2019）把免费游戏中增值服务的感知价值分为享乐价值、社交价值、质量价值和经济价值。本研究认为感知价值是多维度构念，故采纳感知价值理论研究用户赠送互联网知识型产品的行为。

四、信息觅食理论

信息觅食理论（Information Foraging Theory）是20世纪90年代末，彼得·皮罗利（Peter Pirolli）和斯图尔特·卡德（Stuart Card）借鉴生态学领域的最优觅食理论提出并发展起来的，他们把信息觅食类比自然界中的动物觅食，指与评估、寻找和处理信息源相关的活动。信息觅食理论借鉴了动物觅食中的一些术语，如斑块、觅食、气味、饮食等。信息觅食理论中的斑块指各种信息来源，如不同网站，不同斑块中信息资源分布不平均；觅食指用户为了特定信息目标查找信息；气味指用户对潜在信息源获取到所需信息可能性的评估，是信息源发出信息价值的信号或线索；饮食指用户为满足信息需求而考虑的信息源的总和。当用户有明确的信息目标时，会评估从潜在信息源中获取到所需信息与获取该信息的成本。基于最优觅食理论，信息觅食理论的基本假设是在可行条件下，自然信息系统会向稳定状态发展，最大限度地提高单位成本有价值信息的收益（Pirolli，Card，1999），即使信息价值／获取信息的成本最大化。用户在获取信息时，都知道他们已经访问过的所有斑块到目前为止所具有的信息价值，以及获取这些信息所花费的时间和精力，但是却不知道潜在信息源的信息价值及获取信息所需要的时间和精力，此时用户只能根据潜在信息源的发出的气味来评估。用户获取信息所花费的时间，既包括斑块内的觅食时间（如点击页面链接所花费的时间），也包括在不同斑块间转换的成本（如在不同网页之间进行切换所花费的时间）。

信息觅食理论已被用于信息搜寻行为的影响因素、信息系统设计及优化、信息搜寻效率评估等研究中（邓锦峰 等，2021）。在信息搜寻中，不断变化的信息环境、用户搜寻过程中所进行的心理活动、信息线索等会影响用户搜寻信息。在知识付费领域，信息觅食理论被用来解释直播课程中的付费行为（Shi et al.，2020）。根据信息觅食理论，信息社会信息爆炸式增长，但是人们访问、理解信息的能力和可用时间都有限，人们为了解决工作、生活中遇到的问题，需要合理分配其注意力以获得价值高的信息，因此信息寻觅者会进行信息源的选择。与动物觅食类似，信息寻觅者会根据流行性和"信息气味"选择信息源。信息源越流行，获取信息越容易，即信息寻觅者付出的成本越低。

本章小结

本章对知识付费和顾客契合两方面的文献进行了梳理，发现：

首先，学术界对知识付费的研究始于 2017 年，这与互联网知识付费行业的发展相一致，现在研究仍然处于初始阶段。互联网知识付费企业的价值网络主要包括知识服务商、知识生产者和知识消费者，对知识服务商研究的重点是它们的商业模式和定价方式，对知识生产者研究的重点是收费对他们生成知识行为的影响，对知识消费者研究的重点是哪些因素影响他们付费和建立与知识生产者的关系，以往付费行为的研究中，知识产品付费者也是使用者。由此可见，对知识付费企业的用户管理和营销手段的研究甚少，付费行为研究中也未考虑过用户购买后送给他人使用的情况。

其次，顾客契合是一个包含认知、情感、行为的多维概念，它是用户与企业组织的活动、发布的产品或服务，潜在用户以及其他用户交互过程中的认知、情感和行为投入水平，顾客契合行为指顾客契合中涉及的所有行为。顾客契合行为包含多类，根据用户交互的渠道，顾客契合行为可分为在线顾客契合行为和线下顾客契合行为；根据是否投入金钱和参与社会互动，在线顾客契合行为可分为个人非交易型顾客契合行为、互动非交易型顾客契合行为、购买自用型顾客契合行为和购买赠送型顾客契合行为，后两者属于交易型顾客契合行为。个人非交易型顾客契合行为只投入时间和精力，它主要体现在在线社区契合中；互动非交易型顾客契合行为投入更多的时间和精力，还会投入社交网络资源或者知识储备；购买赠送型需要投入金钱和社交网络资源。3 种行为体现出顾客的契合程度递增，而且，不同行为的前置因素也不同。尽管学者已经研究过阅读、评论、分享、口碑等顾客契合行为，但是阅读作为一种个人非交易型顾客契合行为，学者未区分探讨不同渠道的阅读；收藏作为另一种个人非交易型顾客契合行为，还未有学者从内容特征视角讨论；互动非交易型在线顾客契合行为中，学者主要分析口碑、生成评论等单次互动行为，未研究过持续分享行为；交易型顾客契合行为中，学者大多探讨用户付费后自己使用的行为，现实中还存在用户付费后赠送给他人使用的行为，学者对此类交易型顾客契合行为关注甚少。

再次，顾客契合与产业紧密相连，不同平台和研究背景下同一因素对同一顾客契合行为的影响结果也不同。尽管以往在线品牌社区中顾客契合行为的研究成果已经比较丰富，但是其结论可能不适用于知识服务商或知识生成者建立的在线知识社区，因此非常有必要探讨知识服务情境下的在线顾客契合行为。

最后，基于内容、顾客、企业／品牌、情境的四类前置因素中，基于内容的前置因素对个人非交易型顾客契合行为的影响最明显。探讨互动非交易型顾客契合行为和交易型顾客契合行为时，学者重点考虑非内容型前置因素，因此，本研究从内容视角出发讨论个人非交易型顾客契合行为，从顾客感知价值视角出发讨论互动非交易型顾客契合行为和交易型顾客契合行为。

总之，知识付费背景下的在线顾客契合行为是知识消费者与知识服务商、知识生产者、其他知识消费者及潜在知识消费者通过社交媒体等互联网工具进行的交互，它是知识服务商营销和顾客管理的重点。本研究将根据契合程度递增的逻辑，相继探讨知识付费情境下的个人非交易型顾客契合行为、互动非交易型顾客契合行为、购买自用型顾客契合行为及购买赠送型顾客契合行为的前置因素。

第三章 内容特征对个人非交易型顾客契合行为的影响机制分析

个人非交易型在线顾客契合行为反映了用户的体验，执行此类行为时，用户只需投入时间和精力，不与他人进行交互，表现为关注在线社区，消费、点赞、收藏内容等。尽管与交易和互动非交易型顾客契合相比，此类行为体现的契合程度较低，但它是提升顾客契合度的基础，所以非常有必要探讨此类契合行为。与娱乐型和营销内容相比，知识型内容能为用户带来更持久的价值，可能会在未来发挥作用，收藏则便于快速访问，且有利于知识生产者与用户建立更长久和深入的关系，因此本章会关注知识付费情境下的收藏行为。此外，社交媒体具有转发功能，用户可以通过不同渠道阅读同一内容，如微信公众号中，不仅公众号的关注者能从公众号会话中阅读帖子，公众号的非关注者也可通过他人的分享阅读帖子内容，不同来源阅读行为的前置因素可能有差异。不同社交媒体呈现内容的顺序和形式、用户的使用方式和契合程度各不相同，本章以使用广泛的社交媒体知识型微信公众号为具体背景，研究阅读和收藏这两种个人非交易型顾客契合行为。

第一节　研究假设

作为在中国使用最广泛的一种社交媒体，越来越多的知识生产者和知识服务商通过微信公众号传递知识、发表观点，如项目管理领域的漫画项目管理、金融领域的吴晓波频道，我们称之为知识型微信公众号，它们为用户学习专业知识提供了渠道。微信公众号中用户与公众号运营者发布的帖子的互动如下：公众号的关注者首先在公众号会话中看到帖子的标题，点击后阅读帖子的内容，并决定是否收藏、评论、转发给好友或者转发至朋友圈；转发至朋友圈的帖子显示标题，转发者的朋友圈好友中既有该公众号的关注者，也有未关注该公众号者，他们看到帖子标题后决定是否阅读。

根据微信公众号呈现帖子的方式，本章将微信公众号的内容分为标题和内文内容，标题特征包括标题关注度、感知信息价值、感知情感价值、标题情绪，内文内容特征包括内容类型、原创性、生动性、文章长度。进一步，探究这些内容特征对公众号会话阅读行为、朋友圈阅读行为和收藏行为的影响，其概念模型如图 3.1 所示。

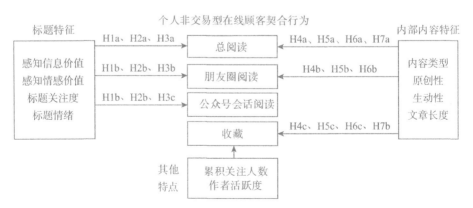

图 3.1　内容特征对个人非交易型在线顾客契合行为影响的概念模型

一、标题特征对个人非交易型在线顾客契合行为的影响

（一）标题感知价值

微信公众号基于移动设备，它以列表形式呈现帖子，这导致标题会影响用户对帖子整体内容价值的判断及之后使用信息的行为（张恒军 等，2011）。用户期望从微信公众号中获得情感价值和信息价值（范钧，2017），情感价值指能获得心理上的愉悦、满足等情感，信息价值指期望能获得解决问题或者提高技能的内容。微信生态系统中，除了公众号会话，用户还可以从朋友圈看到帖子。公众号会话中，各类公众号的帖子以标题形式呈现，根据知识型微信公众号的定位，其主要为用户提供知识型信息，因此在公众号会话中，情感价值比信息价值更稀缺；朋友圈是基于微信好友关系建立的社交网站，用户在朋友圈中可以看到好友发布的生活感想、照片、视频等情感型内容，因此在朋友圈中，信息价值比情感价值更稀缺。追求独特、新奇是人们的本性，即在公众号会话中可能更会关注标题情感价值高的帖子，而在朋友圈中更会关注标题信息价值高的帖子。另外，分享是朋友圈阅读的基础，分享的内容会体现个人形象，人们愿意展示正面形象（金晓玲 等，2017）（如知识渊博），因此，人们也更愿意分享信息价值高的帖子。据此，本章提出以下假设：

H1a：知识型微信帖子标题的感知信息价值和情感价值越高，帖子的总阅读数越多。

H1b：知识型微信帖子标题的感知信息价值和情感价值对公众号对话和朋友圈两种渠道中阅读数的影响不同。

（二）标题情绪

简短的信息会刺激信息接收者产生强烈的情绪（Sul et al.，2014）和认知，在社交媒体中，用户更愿意分享包含情绪的信息，而非中性信息（Stefan et al.，

2013）。学者对情绪的研究表明：积极情绪一方面能调动人对事物更善意地进行评价，另一方面也能提升解释水平的抽象性和思考层次（Mogilner et al., 2012），这使用户有更强烈的动机去接触刺激源。用户在社交媒体中分享知识型信息的动机包括利他主义、感知在线关系承诺、感知依恋等（Ma et al., 2014），包含积极情绪的内容更能展现用户的这些动机，因此用户更倾向于在社交媒体中分享包含积极情绪词汇的内容，这增加了它们被未关注公众号者看到的可能性。据此，本章提出以下假设：

H2a：知识型微信帖子标题情绪越积极，帖子的总阅读数越多。

H2b：积极标题情绪对阅读数的正向影响在朋友圈（与公众号会话相比）中体现得更明显。

（三）标题的关注度

标题的关注度指社会大众对该标题涉及内容的关注程度。信息在互联网传播中存在从众现象（朱琳 等，2014），即大众更愿意关注其他人所关注的内容。为了吸引用户，公众号运营者倾向于选择受大众关注度高的主题。在一段时间内，大众高度关注的内容是有限的，这可能导致公众号标题主题的同质化程度高。每个用户都同时关注若干个公众号，当面临同质内容时，他们可能会选择粉丝数量更多、使用频率更高的公众号了解相关信息，知识型微信公众号受限于其专业性，在此方面可能存在劣势，所以在公众号会话中，标题的关注度高可能反而会负向影响用户的阅读意愿。朋友圈中有大量用户自己生成的信息，加上这些用户对热点的把握没有专业的内容生产者准确，这使朋友圈中大众关注度高的信息拥挤的现象不明显；另外，朋友圈中用户转发的信息是经过转发者筛选的，转发、再评论行为相当于为信息的品质背书，再结合用户的从众心理，用户在朋友圈中可能更愿意阅读标题关注度高的内容。据此，本章提出以下假设：

H3a：知识型微信帖子标题的关注度越高，帖子的总阅读数越多。

H3b：微信公众号对话中，知识型微信帖子标题的关注度越高，帖子的阅读数越少。

H3c：朋友圈中，知识型微信帖子标题的关注度越高，帖子的阅读数越多。

二、内文内容特征对个人非交易型在线顾客契合行为的影响

（一）原创性

根据微信公众号对原创声明功能的使用规范，"原创指自己写的、独立完成创作的作品"。微信公众号中帖子的来源包括原创、转发其他来源的作品或者改编、整理他人的创作。原创的帖子表明创作者投入了更多的时间和精力成本，根据互惠理论和社会交换理论，用户倾向于向原创作者回馈更多的正面评价，增加阅读深度和分享意愿。另外，用户在互联网中获取信息时常利用背景因素对信息价值进行判断（Chaiken，1987），帖子的原创性声明可以为用户提供启发式线索，提升对帖子信息价值的判断。据此，本章提出以下假设：

H4a：原创的知识型微信帖子的总阅读数更多。

H4b：原创的知识型微信帖子的朋友圈阅读数更多。

H4c：原创的知识型微信帖子更可能被用户收藏。

（二）内容的生动性

生动性指媒介环境展示信息的方式对器官的刺激程度，颜色对比鲜明、动态、与其他网页互动的帖子比只包含文本内容的生动性更高（Sabate et al.，2014），内容越生动，越容易得到用户关注（James et al.，2001）。已有对脸书品牌页的研究表明，用户更愿意点赞和评论有图片的帖子（Sabate et al.，2014）；知识型微信帖子中，用生动的形式展现信息一方面能增加用户的感知信息价值，另一方面能提升用户的感知享乐价值，享乐需求和信息需求正向影响用户的收藏行为（张立党 等，2018）。移动互联网应用中，图片可以提升内容的生动性（Fang et al.，2018）。据此，本章提出以下假设：

H5a：知识型微信帖子越生动，其总阅读数越多。

H5b：知识型微信帖子越生动，其朋友圈阅读数越多。

H5c：知识型微信帖子越生动，其收藏数越多。

（三）帖子长度

帖子的长度常用来衡量帖子包含信息的深度和广度（Fang et al.，2018），帖子越长，其对主题描述的详细度越高，帖子的阅读者越可能在其中获得诊断性高的知识，帖子越可能满足用户的信息需求。收藏的主要作用是便于使用，帖子的信息价值越高，用户越可能收藏。另外，信息价值越高，帖子的阅读者越愿意分享在社交媒体中为其他人提供帮助。据此，本章提出以下假设：

H6a：知识型微信帖子的内容越长，其总阅读数越多。

H6b：知识型微信帖子的内容越长，其朋友圈阅读数越多。

H6c：知识型微信帖子的内容越长，其收藏数越多。

根据启发式处理过程，用户会依据帖子的标题判断内容的价值，因此标题的感知信息价值越高，用户越倾向于相信内容的感知信息价值高。用户利用碎片化时间使用微信（蔡冬松 等，2018），当阅读长度较长的帖子时，可能没有充足的时间或者充分的认知能力处理帖子，但是又希望能充分掌握帖子中知识，收藏起来成为一个好的选择。据此，本章提出以下假设：

H6d：知识型微信帖子标题的感知信息价值正向调节帖子长度对收藏数的影响。

（四）内容类型

内容类型是影响顾客契合行为的重要前置因素，不同内容类型对各类顾客契合行为的影响都有差异（Lee et al., 2017；Cvijikj et al., 2013；Bapna et al., 2019）。知识型微信公众号发布的帖子虽然均与某一领域的知识相关，但是解释知识的方式有差异。据此，本章提出以下假设：

H7a：不同内容类型的知识型微信帖子的总阅读不同。

H7b：不同内容类型的知识型微信帖子的收藏数不同。

第二节 研究设计

一、数据

本研究的数据集来源于微信公众号平台，它是依托即时通信服务微信建立的自媒体平台，于 2012 年 8 月 23 日上线，根据 QuestMobile 发布的《移动互联网 2018 半年报告》，至 2018 年 6 月，微信公众号数量已达 2 000 万个，月活跃账户超过 350 万人。微信公众号可分为微信订阅号和服务号，订阅号允许企业、事业单位、个人等创建账号，它的主要目的是为用户提供信息。订阅号运营者 24 小时内可向其关注者推送一条信息，一条信息可以包括一个或者多个帖子。服务号不允许个人申请，它的主要目的是便于企业服务用户，也可以向其关注者群发信息。用户收到帖子后，点击阅读，并可点赞、收藏、评论、分享给好友或者分享至朋友圈。与脸书等社交媒体不同，微信公众号的评论需经过运营者同意之后才会显示在帖子下方。

（一）数据来源

为了搜集数据，本研究与一个推送项目管理相关知识的微信订阅号（以下称之为 PM）合作，微信公众号向各个账号运营者提供了每天用户变化（新关注人数、取消关注人数、净增关注人数、累积关注人数）和用户与信息互动（包括总阅读数、公众号会话阅读数、朋友圈阅读数、分享转发数、收藏数）的数据，PM 允许我们使用这些数据。用户与信息互动的这些数据常被用来测量顾客契合。

2015 年 7 月 4 日 PM 推送了第一条信息，它的运营者是以一位在项目管理领域有所建树的专家为核心的团队，该团队主要以兼职人员为主，这与许多小型知识型公众号运营的组织结构相一致。通过该公众号，他们一方面希望建立一个在线社区，以通俗易懂的方式传播项目管理知识，另一方面也希望能通过该社区形成品牌，进一步提升该项目管理专家在相关领域的影响力，提升用户付费意愿。本研究的分析单元是每条帖子，每天订阅号推送的消息中可能包含多条帖子，但是用户数和用户 – 帖子互动数是以公众号每天的信息为单元，而非以每个帖子为单元的，为了保证内容影响的确定性，本研究只选择当天推送的某一篇帖子的数据，最终从 1 444 条帖子（2015 年 7 月 4 日至 2018 年 4 月 25 日）中选择了 362 条。每条帖子的具体内容由研究人员使用 Python 软件从该订阅号中爬取。截至 2018 年 4 月 23 日，微信公众号 PM 的关注人数为 32 561，公众号的新关注人数呈现大幅波动，一天新增人数最多达到 446，最少为 3 人。

（二）变量的定义及操作化

1.因变量

本章的因变量包括总阅读数、公众号会话阅读数、朋友圈阅读数和收藏数，它们都是个人非交易型顾客契合行为的具体表现。笔者从微信公众号后台获得了每天公众号 PM 的阅读数和收藏数，见表 3.1。样本中每天总阅读数的平均值是 4 008.79，公众号会话阅读数的平均值是 1 831.20，朋友圈阅读数的平均值是 1 508.38，收藏数的平均值是 24.05，最小值为 0，最大值为 458，其值比分享数还低，这表明收藏对于用户来说是一种更难实现的契合行为。

表 3.1　变量的描述性统计

模型	观察数	均值	方差	最小值	最大值
总阅读数	362	4 008.79	2 083.08	607	24 381
公众号会话阅读数	362	1 831.20	483.46	255	5067
朋友圈阅读数	362	1 508.38	1 553.55	123	17 359
收藏数	362	24.05	40.06	0	458
分享数	362	140.54	144.13	14	1 580
标题关注度	362	7.91	1.81	1	14.73
标题感知信息价值	362	0.50	0.50	0	1
标题感知情感价值	362	0.79	0.41	0	1
标题情绪	362	0.08	0.54	−1	1
原创性	362	0.26	0.44	0	1
图片数量	362	9.22	5.81	1	58
作者活跃度	362	13.73	11.73	0	36
文章长度	362	766.83	884.49	10	10 992
标题长度	362	11.18	5.25	2	38
累计关注人数	362	23 891.02	4 366.03	17 266	32 561

2. 自变量

本章的自变量包括标题关注度、标题感知信息价值、标题感知情感价值、标题情绪、原创性、帖子长度、生动性和内容类型，其定义见表 3.2。

标题关注度用标题所有关键词的百度指数之和测量。作为中国使用最广泛的搜索引擎，百度指数常被用来测量大众关注度（俞庆进 等，2012），本研究采用此方法。

表 3.2　变量定义

变量类型	变量名称	描述	来源
自变量	标题关注度（Attention）	社会大众对标题关键词的关注程度	百度指数
	标题感知信息价值（TitleIV）	标题是否包含项目管理专业术语、项目管理从业人员技能及其他相关领域的知识	编码
	标题感知情感价值（TitleEV）	标题是否涉及影视作品、（虚拟）人物、故事、谚语、成语、幽默化表达、游戏化设计等内容	
	标题情绪（TitleEmotion）	标题体现情绪的极性	计算
	原创性（Origin）	帖子是 PM 团队创作的还是转载的	公众号
	帖子长度（ContentWord）	帖子的字数	计算
	生动性（Vivid）	帖子包含的图片数	计算
	内容类型（topic）	帖子内容属于公众号 8 类内容中的哪类或者几类	编码
因变量	总阅读数（TotalRP）	帖子发布当日阅读帖子的总次数	公众号
	公众号会话阅读数（AccountRP）	帖子发布当日通过公众号会话阅读帖子的总次数	公众号
	朋友圈阅读数（MementRP）	帖子发布当日通过朋友圈阅读帖子的总次数	公众号
	收藏数（Collect）	帖子发布当日帖子的总收藏次数	公众号
控制变量	标题长度（TitleWord）	标题包含的字数	计算
	作者活跃度（Activity）	帖子作者在公众号中发布的帖子数	计算
	累计关注人数（Accufollowers）	帖子发布当日公众号的关注人数	公众号

　　根据使用和满足理论，我们主要从感知信息价值和感知情感价值两个维度来测量标题的感知价值。参考彭晨明等（2016）的研究，我们定义感知信息价值高为标题中包含项目管理专业术语、项目管理从业人员的技能及其他与项目管理相关领域的知识；感知情感价值高为标题中涉及影视作品、（虚拟）人物、故事、谚语、成语、幽默化表达、游戏化设计，其编码样本见表 3.3。两位项

目管理领域的从业者（他们不知道研究问题）作为研究助理独立对样本同时从两个维度对感知价值的高低进行编码，感知信息价值的 Cohen's kappa 系数为0.827，感知情感价值的 Cohen's kappa 系数为0.772，两值均大于要求的0.75，通过了一致性检验。对标题感知价值判断不一致的由项目组成员进行商讨，最终确定编码。

表 3.3　标题感知价值编码示例

标题	感知信息价值	感知情感价值
如何管理你的老板	高	低
养鸡秘籍	低	高
红尘有爱，何惧轮回？从 PMP 到 ACP 系列	高	高

标题情绪指标题中包含情绪的极性，文心中文心理分析系统能输出指定文本中积极情绪和消极情绪词汇的比例，本研究利用这两个比例对标题情绪的极性进行测量。当不包含情绪词汇时，该变量设置为 0；当只包含消极情绪词或者其比例高于积极情绪词时，该变量设置为 –1；当只包含积极情绪词或者其比例高于消极情绪词时，该变量设置为 1；当同时包含两种情绪词且比例相等时，由两位研究助理讨论确定标题的极性。

内容类型根据 PM 的具体情况，分为干货分享、职业故事、影视故事、企业案例、生活故事、企业案例、招聘信息和其他 8 类，分别邀请两名研究助理对帖子内容类型进行编码。帖子可以同时属于多类，对帖子属于哪一类判断不一致的，由项目组成员进行商讨，最终确定其类别。

帖子生动性用帖子中包含的图片数量测量，该数值可以通过分析帖子直接获得。帖子是否为原创根据帖子是否包含原创性声明确定，若包含原创性声明，则该变量为 1，否则为 0。帖子的长度即为帖子包含的字符数。

3. 控制变量

除了假设中提到的自变量，其他因素也可能会影响顾客契合行为，本章将这些因素作为控制变量纳入模型中。

（1）作者活跃度。用户在互联网中获取信息时，常根据作者判断信息的可信度，因此作者的情况可能影响信息接收者的契合行为，经常在公众号中发布帖子的作者可能受到更多用户的关注，由于作者的声誉，用户契合于帖子。本章用样本时间段内作者发布的帖子数量测量作者活跃度。

（2）关注公众号的人数。公众号关注人数显示了每天帖子可直接到达的人数，直观上来说，帖子到达的人数越多，契合于帖子的人数也越多，因此在模型中将每天公众号的累计关注人数作为控制变量。

（3）帖子发布时间。已有研究表明帖子是否发布于工作日、社交媒体使用高峰时期会影响用户对帖子的契合度，但是由于在样本时间段内，PM 仅于工作日发布帖子，且每天发布的时间一致，因此模型并未考虑帖子的发布时间。

（4）标题长度。标题的字数可能会影响用户认知标题的难易程度，从而影响用户的契合行为，因此模型中将标题长度作为控制变量。

二、数学模型

本章用负二项回归来估计模型。因变量（总阅读数、公众号会话阅读数、朋友圈阅读数和收藏数）均为计数变量，这使其不满足 OLS 中同方差性和误差满足正态分布的要求。根据表 3.1 的描述性统计，阅读者和收藏者的到达过度分散，负二项回归适合这种离散和数据非负的情况，模型的 LR 检验也显示所有模型 alpha 的 95% 区间均不包含 0，这表明选择负二项回归模型是合理的。

$$y_{ij} = \beta_0 + \beta_1 \text{Log}(\text{attention}_j) + \beta_2 \text{TitleIV}_j + \beta_3 \text{TitleEV}_j + \beta_4 \text{TitleEmotion}_j +$$
$$\beta_5 \text{TitleWord}_j + \beta_6 \text{Accufollowers}_j + \varepsilon_{ij} \tag{3.1}$$

$$y_{4j} = \beta_0 + \beta_7\,\text{origin}_j + \beta_8\,\text{ContentWord}_j + \beta_9\,\text{Vivid}_j + \beta_{10}\,\text{Activity}_j +$$

$$\beta_6\,\text{Accufollowers}_j + \sum_{N=1}^{7} a_N\ \text{topic}_N + \varepsilon_{4j} \qquad\qquad （3.2）$$

$$y_{4j} = \beta_0 + \beta_2\,\text{TitleIV}_j + \beta_7\,\text{origin}_j + \beta_8\,\text{ContentWord}_j + \beta_9\,\text{Vivid}_j + \beta_{10}\,\text{Activity}_j +$$

$$\beta_{11}\,\text{TitleIV}_j \times \text{ContentWord}_j + \beta_6\,\text{Accufollowers}_j + \sum_{N=1}^{7} a_N\ \text{topic}_N + \varepsilon_{4j} \quad （3.3）$$

$$y_{ij} = \beta_0 + \beta_1\,\text{Log(attention}_j) + \beta_2\,\text{TitleIV}_j + \beta_3\,\text{TitleEV}_j + \beta_4\,\text{TitleEmotion}_j +$$

$$\beta_5\,\text{TitleWord}_j + \beta_6\,\text{Accufollowers}_j + \beta_7\,\text{origin}_j + \beta_8\,\text{ContentWord}_j +$$

$$\beta_9\,\text{Vivid}_j + \beta_{10}\,\text{Activity}_j + \sum_{N=1}^{7} a_N\ \text{Topic}_N + \varepsilon_{ij} \qquad\qquad （3.4）$$

式（3.1）描述的是标题特征对顾客契合行为的影响，y_{ij} 指 y_{1j} 或 y_{2j} 或 y_{3j}，它们都是连续变量，分别指第 j 篇帖子发布当日的总阅读数、朋友圈阅读数和在公众号会话中的阅读数，它与后文表 3.6 估计结果中的模型 1、3、5 相对应。式（3.2）描述的是内文内容特征对收藏数的影响，y_{4j} 指第 j 篇帖子发布当日的收藏数，它与估计结果中的模型 6 相对应。式（3.3）在式（3.2）的基础上考虑了标题的信息价值、帖子长度的交互作用特征对顾客收藏行为的影响，它与估计结果中的模型 7 相对应。式（3.4）描述的是全部内容（标题＋内文内容）特征对顾客契合行为的影响，它与后文表 3.6 和表 3.7 估计结果中的模型 2、4、8 相对应。Attention$_j$ 表示第 j 篇帖子发布当日标题关键词的关注度；TitleEmotion$_j$ 表示第 j 篇帖子标题情绪的极性，$-1=$ 消极情绪，$0=$ 不含情绪词汇，$1=$ 积极情绪；Origin$_j$ 表示第 j 篇帖子是原创还是转发，$0=$ 转发，$1=$ 原创；ContentWord$_j$ 表示第 j 篇帖子的总字数；Vivid$_j$ 表示第 j 篇帖子中的图片数量；TitleWord$_j$ 表示第 j 篇帖子标题的字数；Activity$_j$ 表示第 j 篇帖子作者的活跃度；Topic$_N$ 是公众号内容类型的虚拟变量，以干货分享为基准，第 j 篇文章所属内容类型值为 1，其余为 0；Accufollowers$_j$ 表示第 j 篇文章发布当日公众号的关注人数；ε_{ij} 指 ε_{1j} 或 ε_{2j} 或 ε_{3j}，分别表示 y_{1j}、y_{2j}、y_{3j} 的残差项。α_N 和 β_i 表示相应变量的系数。

第三节　研究结果

一、相关系数

表 3.4 提供了各变量的相关系数。为了评价各变量的多重共线性，我们还计算了变量的方差膨胀因子（VIF）。由表 3.5 可以看出，所有变量的 VIF 均小于 1.3，远低于传统可接受的临界值（VIF<5），这表明多重共线性并不会影响本研究的结果。

表 3.4　相关系数矩阵

变量名	1	2	3	4	5	6	7	8	9
1. 标题关注度	1								
2. 标题信息价值	−0.074	1							
3. 标题情感价值	0.096	−0.277	1						
4. 标题情绪	0.071	−0.005	−0.010	1					
5. 原创性	0.082	0.252	−0.046	−0.041	1				
6. 生动性	0.067	0.073	−0.014	0.033	0.264	1			
7. 作者活跃度	−0.082	0.057	0.104	−0.103	0.095	−0.104	1		
8. 帖子长度	0.066	0.251	−0.113	0.098	0.224	0.168	−0.067	1	
9. 标题长度	0.037	0.301	0.097	0.069	0.237	0.142	0.091	0.307	1
10. 累计关注人数	−0.105	0.277	−0.092	0.049	0.185	0.153	0.094	0.187	0.189

表 3.5　共线性分析

变量	VIF	允差	变量	VIF	允差
标题关注度	1.096	0.913	生动性	1.135	0.818

续表

变量	VIF	允差	变量	VIF	允差
标题感知信息价值	1.363	0.734	作者活跃度	1.093	0.915
标题感知情感价值	1.266	0.790	帖子长度	1.354	0.738
标题情绪	1.042	0.960	标题长度	1.306	0.766
原创性	1.226	0.815	累计关注人数	1.223	0.818

二、模型估计结果

（一）阅读数模型估计结果

表 3.6 显示了帖子的标题特征和内容特征对总阅读数、朋友圈阅读数及标题特征对公众号会话阅读影响的结果，从中看出仅包括标题特征的模型和包括标题与内部内容特征的两类模型估计的结果基本一致。

表 3.6 阅读数模型估计结果

特征类型	模型 1	模型 2	模型 3	模型 4	模型 5
	总阅读数		朋友圈阅读数		公众号会话阅读数
常数项	8.521***	8.420***	7.299***	7.252***	8.133***
标题关注度	−0.008	−0.013	0.008	−0.004	−0.024**
标题感知信息价值	0.211***	0.173***	0.445***	0.337***	0.026
标题感知情感价值	0.127**	0.101*	0.160	0.102	0.113***
标题情绪	0.075*	0.067**	0.137**	0.118**	0.032*
原创性		0.047		0.119	
帖子长度		-3.16×10^{-5}		-4.6×10^{-5}	
生动性		0.022***		0.037***	
内容类型					
生活故事		0.007		0.122	
职业故事		0.140*		0.380***	
名人故事		0.034		0.126	

续表

特征类型	模型 1	模型 2	模型 3	模型 4	模型 5
	总阅读数		朋友圈阅读数		公众号会话阅读数
影视故事		0.025		0.209	
企业案例		−0.034		0.170	
招聘信息		0.234**		0.286*	
其他		−0.274**		−0.387**	
作者活跃度		−0.003**		−0.006**	
标题长度	−0.007	−0.008*	−0.007	−0.009	−0.011***
累计关注人数	-1.29×10^{-5}**	-1.45×10^{-5}**	-1.44×10^{-5}	-1.01×10^{-5}	-1.75×10^{-5}**
N	362	362	362	362	362
Log Likelihood	−3 151.119	−3 117.853	−2 941.839	−2 914.647	−2 712.734

* 表示 $p<0.1$，** 表示 $p<0.05$，*** 表示 $p<0.001$

1. 标题特征的影响

第一，标题的感知信息价值和感知情感价值均正向影响总阅读数（$\beta_2=0.173$，$p<0.001$，$\beta_3=0.101$，$p<0.1$），不过两者在公众号会话和朋友圈阅读中的影响不同。情感价值只正向影响公众号会话中的阅读数，并不影响朋友圈阅读数；信息价值只正向影响朋友圈阅读数，并不影响公众号会话中的阅读数。假设 H1a、H1b 得到验证。

第二，无论是在朋友圈，还是在公众号会话中，包含积极情绪的标题更能获得用户契合，且朋友圈中（$\beta_4=0.118$，$p<0.05$）的影响比在公众号会话中（$\beta_4=0.032$，$p<0.1$）中大。H2a、H2b 得到验证。

第三，标题关注度负向影响公众号会话阅读数（$\beta_1=-0.024$，$p<0.05$），假设 H3b 得到支持，但是其对朋友圈阅读的影响不显著（$\beta_1=-0.004$，$p>0.1$），导致标题关注度对总阅读数的影响也不显著（$\beta_1=-0.013$，$p>0.1$）。假设 H3a、H3c 均未得到验证。

第四，控制变量中的标题长度负向影响公众号会话中的阅读数（$\beta_5=-0.011$，$p<0.001$），进而影响到总阅读数，不过这种影响在模型 1（$\beta_5=-0.007$，$p>0.1$）和模型 2（$\beta_5=-0.008$，$p<0.1$）中不一致，未来可以通过改变样本进一步进行验证。模型 3 和模型 4 中，标题长度对朋友圈阅读的影响均不显著。以上一系列结果可能说明用户在利用公众号会话获取信息时更容易受标题的影响。

2. 内文内容特征的影响

第一，内容是否为原创虽然对朋友圈阅读数和总阅读数影响的系数为正，但是 p 值大于 0.1。假设 H4a、H4b 未得到验证。这可能是因为用户的转发行为更多受内容价值的影响，该公众号原创的作品并不比转发作品的价值高。

第二，本研究用图片数量测量内容生动性，模型估计结果表明生动性正向影响朋友圈阅读数（$\beta_9=0.037$，$p<0.001$），进而影响总阅读数（$\beta_9=0.022$，$p<0.001$）。H5a、H5b 得到验证。

第三，帖子长度对朋友圈阅读数和总阅读数的影响为负，但是结果并不显著。H6a、H6b 未得到验证。

第四，不同类型内容获得的阅读数不同，通过职业故事传递知识和招聘信息的帖子比直接分享知识（即干货分享）获得更多阅读，而投票、测试等帖子（即其他类）比干货分享获得的阅读少（$\alpha_7=-0.274$，$p<0.05$）。H7a 得到验证。

令人意外的是，作者的活跃度负向影响朋友圈阅读数和总阅读数，即发帖数越多的作者，其帖子的阅读数可能越低，这侧面反映了知识付费行业长期运营的一个难点，即知识生产者的知识存量是有限的，随着输出增加，其生产知识越来越难，知识的质量可能会下降。

（二）收藏数阅读模型估计

本章的研究假设认为用户对帖子的收藏行为只受帖子内部特征的影响，但是阅读是收藏的基础，帖子的标题特征会影响用户的阅读行为，进而可能也会影响到收藏行为，因此本研究同时构建了内文内容特征、所有内容特征对收藏数影响的模型，结果见表 3.7。

表 3.7　收藏数模型估计结果

特征类型	模型 6	模型 7	模型 8
常数项	0.976**	0.861**	0.843***
标题关注度			−0.009
标题感知信息价值		0.633***	0.609***
标题感知情感价值			0.016
标题情绪			0.163**
原创性	0.239*	0.116	0.140
帖子长度	0.000 21**	2.65×10^{-4}	0.000 2
帖子长度 × 标题信息价值		−0.000 1	−0.000 1
生动性	0.043***	0.041***	0.041***
内容类型			
生活故事	−0.040	−0.049	−0.048
职业故事	0.289	0.295	0.295
名人故事	−0.042	−0.048	−0.046
影视故事	−0.287	−0.293	−0.292
企业案例	−0.121	−0.115	−0.110
招聘信息	−1.392**	−1.340**	−1.291**
其他	−0.135	−0.131	−0.128
作者活跃度	−.0018	−.0013	−0.000 2
标题长度			0.004
累计关注人数	7.14×10^{-5}***	6.28×10^{-5}***	5.99×10^{-5}***

续表

特征类型	模型 6	模型 7	模型 8
N	362	362	362
Log Likelihood	−1 411.737	−1 393.55	−1 390.10

* 表示 $p<0.1$，** 表示 $p<0.05$，*** 表示 $p<0.001$

从模型 6、7、8 对比可以发现，只考虑内部特征和同时考虑标题特征与内文内容特征时，有些变量的影响是不一致的，比如帖子长度和原创性。只考虑内部特征时，原创性（$\beta_7=0.239$，$p<0.1$）和帖子长度（$\beta_8=0.00021$，$p<0.05$）均正向显著影响收藏数，但同时考虑标题特征与内文内容特征，或者考虑标题的信息价值的调节作用时，这两个影响均不显著了。只有当所有模型中的显著性一致时，本研究才认为影响显著，因此帖子的原创性、帖子长度、标题感知信息价值与帖子长度的交互作用对收藏数的影响均不显著，拒绝 H4c、H6c、H6d 假设。

帖子的生动性正向影响收藏数（$\beta_9=0.021$，$p<0.01$），H5c 得到验证。内容类型对收藏数的影响相对更小，结果只显示招聘类的帖子比干货分享的收藏数少，其余类型的结果均不显著，H7b 得到验证。

从表 3.7 中可以看出用户的收藏行为也受标题感知信息价值和标题情绪的影响，这可能是因为收藏的前提是阅读，标题特征通过影响阅读数进一步影响收藏数。标题对收藏数的影响与其对朋友圈阅读数的影响是一致的，这可能说明当用户从朋友圈中获取到感知价值高的内容时，由于确定、记忆来源公众号的程序比收藏更复杂，为了便于以后使用，用户更可能收藏内容；当用户从公众号会话中获得信息时，由于信息源确定且其内容永久保存在公众号中，查询便利，用户收藏的意愿可能降低。

---------- 本章小结 ----------

本章以知识型微信公众号 PM 为例，通过负二项回归模型探究公众号的标题特征和内文内容特征对个人非交易型在线顾客契合行为（阅读和收藏）的影响，对模型的验证结果见表 3.8，标题关注度、原创性、帖子长度对个人非交易型顾客契合行为的影响几乎都未得到验证。

表 3.8　模型的假设检验结果

假设	预期	结论
H1a：感知标题信息价值和情感价值→总阅读数	正影响	得到支持
H1b：感知标题信息价值和情感价值→公众号对话阅读数、朋友圈阅读数	有差异	得到支持
H2a：标题的积极情绪→总阅读数	正影响	得到支持
H2b：标题的积极情绪→公众号对话阅读数、朋友圈阅读数	在朋友圈中影响更明显	得到支持
H3a：标题关注度→总阅读数	正影响	未得到支持
H3b：标题关注度→公众号对话阅读数	负影响	得到支持
H3c：标题关注度→朋友圈阅读数	正影响	未得到支持
H4a：原创性→总阅读数	正影响	未得到支持
H4b：原创性→朋友圈阅读数	正影响	未得到支持
H4c：原创性→收藏数	正影响	未得到支持
H5a：内容生动性→总阅读数	正影响	得到支持
H5b：内容生动性→朋友圈阅读数	正影响	得到支持
H5c：内容生动性→收藏数	正影响	得到支持
H6a：帖子长度→总阅读数	正影响	未得到支持
H6b：帖子长度→朋友圈阅读数	正影响	未得到支持
H6c：帖子长度→收藏数	正影响	未得到支持
H6d：帖子长度、感知标题信息价值→收藏数	正影响	未得到支持
H7a：内容类型→总阅读数	有差异	得到支持
H7b：内容类型→收藏数	有差异	得到支持

微信公众号的关注者首先通过公众号对话接触到最初发布的帖子。公众号会话阅读是分享、朋友圈阅读行为的基础，它主要受帖子标题特征的影响。知识型微信公众号运营者发布帖子时，应该关注帖子标题。具体来说，标题感知情感价值和包含积极情绪正向影响公众号会话阅读数，标题关注度和标题长度负向影响公众号会话阅读数，因此标题的长度应尽可能短，最好使用积极词汇、幽默化表达、包含故事等以提升其情感价值和积极情绪，没有必要追热点。

朋友圈的阅读者既包括公众号的关注者，也包括未关注公众号者，朋友圈阅读数一方面受用户分享行为的影响，用户分享是其阅读帖子之后的行为，另一方面帖子在朋友圈中显示的是标题，所以朋友圈阅读数同时受帖子内文内容特征和标题特征的影响，标题的感知信息价值、包含积极情绪正向影响朋友圈阅读数，且从效果大小来看，包含积极情绪的标题对阅读数的影响在朋友圈中要大于在公众号会话中。内文内容特征中的生动性正向影响朋友圈阅读数，这表明知识型帖子在传递知识时要注重形式，多辅以图片，这一方面可以加强用户对知识的感性认识，另一方面可以调节用户接受信息时的情绪。

总阅读数是朋友圈阅读数和公众号会话阅读数之和，因此受标题特征和内文内容特征影响。标题的感知信息价值和感知情感价值均影响总阅读数，但其影响机制有所差异，具体如上所述。与朋友圈阅读数和公众号会话阅读数一致，总阅读数受标题情绪和帖子生动性影响。内容类型为职业故事和招聘信息的帖子比干货分享类的获得的总阅读数更多，投票等其他类型的帖子比干货分享类获得的总阅读数更少。知识型微信公众号的运营者最好以职业故事的方式传播知识，而且可以多提供招聘信息以提升用户契合。

收藏是用户与信息价值高的帖子的一种特别互动，它能增加知识生产者和帖子在用户面前的曝光。阅读是收藏的前提，从模型8来看，收藏数受帖子标题和内文内容特征的共同影响，但是根据假设，我们主要分析内文内容特征对收藏行为的影响。帖子的生动性显著影响收藏数，且影响程度高于其对总阅读数和朋友圈阅读数的影响。

数据反映了随着内容生产者发布帖子数量的增加，顾客对其发布帖子的契合反而降低。如何激励和保证知识生产者持续创作高质量的内容，是知识型微信公众号运营和知识付费行业发展的一个重点和难点。

第四章　互动非交易型顾客契合行为的影响因素分析

互动型顾客契合行为是另一种形式的非交易型顾客契合行为，除了时间和精力，用户还需投入知识储备或者社交网络资源进行社会互动，其体现的契合程度高于个人型，具有影响价值和知识价值。为了解决用户消费知识型产品或服务难以坚持的问题，互联网知识服务商推出了学习"打卡"活动，比如薄荷阅读学习英语的用户持续在朋友圈分享链接"刚刚在薄荷阅读学习 21 天，搞定 123 词，继续坚持"，它体现了学习内容、学习时间、学习进度、品牌名称等信息；又如在线学习图形演示文稿软件 PowerPoint（PPT）的用户，发布时添加指定话题 #PPT365。"打卡"原是组织的一种考勤方式，员工把考勤卡放在磁卡机上以记录到达单位和离开单位的时间。随着社交媒体的发展，打卡有了更多的含义（孙宝新，2018）。学习"打卡"的本质是用户在社交媒体上持续分享与知识或产品相关的内容以记录其学习进度或者成果。在社交媒体中分享内容（既包括积极生成内容，也包含转发相关信息）会投入知识储备关系或社交网络资源，对已有顾客和潜在顾客产生影响，为知识服务商带来新顾客，因此学习打卡是互联网知识付费背景下一种有特色的互动非交易型在线顾客契合行为。以往研究中的互动非交易型顾客契合行为涉及自然口碑、参与推荐奖励计划、披露位置信息（也称为地点打卡）等，与自然口碑和地点打卡不同，学习打卡不是单次行为，往往需要持续几天甚至几十天，与推荐奖励计划相比，打卡者获得奖励的条件与信息接收者是否采用服务无关。鉴于知识型产品的特殊性，本章主要分析学习打卡这种互动非交易型顾客契合行为。

第一节　研究设计

一、研究方法

知识服务商推出在社交媒体打卡的活动后，我们需要理解为什么用户愿意参加这项活动，对于"为什么"的问题，适合采用质化研究（陈晓萍 等，2008）。据笔者所知，学术界对学习打卡的研究还较少，为了清晰地认识知识付费背景下用户的打卡行为，本章采用扎根理论方法进行质化研究（Glaser，Strauss，2017）。根据扎根理论，知识是具有积极意义和社会意义的建构，它存在的意义与对世界的体验相关（Goluding，1998）。用户是该活动的主要参与者，因此观察用户在社交媒体中真实的打卡行为和对用户进行访谈，能更好地理解影响用户的态度和行为。

二、数据搜集

为了全面了解用户的打卡行为，本研究采用多种方法收集数据。首先在新浪微博中收集真实的打卡信息；随后通过参与式观察的方法，收集薄荷阅读的成员在社群中对打卡问题的讨论；最后研究人员对购买过知识型产品，并且参与过对应的知识服务商推出的打卡活动的用户进行了访谈。

（一）社交媒体中真实打卡信息的收集

本研究首先从新浪微博中收集了用户的打卡信息。新浪微博是我国使用最广泛的社交媒体平台之一，根据新浪发布的 2019 年第三季度财务报表，2019年 9 月新浪微博的月活跃用户数为 4.97 亿。许多知识服务商推出的打卡活动基于新浪微博平台，由于匿名性、开放性等特点，用户在微博中可自由发表言论，且研究者能够观察到用户真实的数据，这为收集数据提供了良好平台。本研究以"扇贝打卡"为关键词在新浪微博中搜索选择样本。之所以选择此关键词是由于其为典型的互联网知识付费情境下的打卡活动，有广泛的用户基础。扇贝网包括扇贝单词、扇贝阅读、扇贝听力、扇贝口语等多种互联网知识型产品，至 2019 年 12 月 28 日，话题＃扇贝打卡 有 26.7 亿的阅读量和 4 739.8 万的讨论，还有"＃扇贝打卡日历＃扇贝打卡提示"等话题。由于"打卡"一词在社交媒体中使用广泛，且有多种含义（如上班打卡、在特定的地点打卡等），因此确定样本时，存在很多噪声。根据研究目的，本研究在收集真实打卡的信息的过程中，设立了以下几个标准：第一，必须是与互联网知识付费相关的学习打卡；第二，除了包含指定的打卡内容，还需配有文字、图片等信息，以作为判断用户打卡原因的依据；第三，信息由普通用户发布，而非企业或者其代言人发布。本研究搜索了符合标准的打卡信息 55 条，50 条打卡信息用于模型构建，剩余 5 条用来检验理论模型饱和度。

（二）参与式观察

2017 年 8 月至 2018 年 4 月，研究人员参与了薄荷阅读第 18 期和第 25 期的在线课程，并且加入了相关社群，在课程持续期间记录了社群中与打卡相关的所有信息。另外，研究人员也观察各类知识服务商或知识生产者推出的打卡活动，记录观察到的情况和心理感受。

（三）访谈

社交媒体中真实的打卡信息只能体现用户为什么当时要打卡，不能直接体现用户为什么要持续打卡，且无法观察到一些不打卡用户的信息，因此本章又对有知识付费经历的用户进行了访谈，以搜集其打卡行为和态度等信息。

访谈对象主要有三种来源：①研究人员通过参加的薄荷阅读社群与相关用户联系；②在知乎中搜索与知识型产品打卡相关的问题和回答，联系相关的提问者和回答者；③通过研究人员的社交网络，寻找符合要求的访谈用户。选择访谈对象时尽量保证其职业、年龄等的多样性。依据前面对真实打卡信息和参与式观察开放性编码的结果，每结束一个用户的访谈，便对访谈内容进行编码，直到无新的范畴出现，访谈结束。最终有 17 个人接受了访谈，访谈时间为 2019 年 12 月 2 日至 2019 年 12 月 27 日。受访者包括 1 名医生、2 名教师、3 名公务员、5 名企业职员、1 名本科在读学生、2 名硕士在读学生和 3 名博士在读学生，其中 7 名男性、10 名女性，其部分详细信息见表 4.1。访谈包括线上访谈和线下访谈两种，线上访谈直接通过微信和知乎私信以文字形式进行问答，线下访谈时对访谈进行了录音，随后根据录音整理为文字资料，每位受访者的访谈时间为 20~30 分钟。访谈主题主要是以下几个："您购买过哪些互联网知识付费产品？为什么会购买？""这些知识服务商是否推出了社交媒体打卡等持续分享学习信息的活动？如果推出了，它的形式和规则是怎样的？""哪些因素促使您在社交媒体持续分享学习信息？""哪些因素抑制您在社交媒体持续分享学习信息？""您认为您的朋友或者一起购买产品的人为什么会在社交媒体上持续不持续分享学习信息呢？""您会继续分享学习信息吗？为什么？"

表 4.1　访谈者信息

用户编码	性别	职业	使用过的产品 / 服务
A1	男	企业职员	薄荷阅读

续表

用户编码	性别	职业	使用过的产品／服务
A2	女	博士生	薄荷阅读、得到
A3	女	企业职员	薄荷阅读
A4	男	教师	英语流利说
A5	男	公务员	薄荷阅读
A6	女	企业职员	薄荷阅读
A7	男	公务员	薄荷阅读
A8	女	企业职员	流利阅读
A9	男	企业职员	得到
A10	女	医生	懂你英语
A11	男	博士生	扇贝英语
A12	男	博士生	懂你英语
A13	女	硕士生	扇贝英语、个人成长集训营
A14	女	硕士生	极光单词
A15	女	本科生	python 编程学习
A16	女	教师	流利阅读，英语流利说
A17	女	公务员	薄荷阅读

第二节 数据分析

一、数据整理及准备工作

收集完数据之后，研究小组首先整理数据。社交媒体中收集的真实打卡信息用 B 表示，编码以每条信息为依据，顺序编码；参与式观察获取的数据用 E 表示，薄荷阅读的成员在社群中讨论打卡问题的数据，每个用户的一次发言计数 1 次，观察中的感悟每条感悟计数 1 次；对知识消费者的访谈数据用 A 表示，接下来两位数字表示访谈者的编号，末尾的一位或者两位数字表示语句编号。

为了保证编码过程的规范性和结果的效度，在编码之前先成立了编码小组。编码小组由两名管理科学与工程专业博士生和一名市场营销专业的博士生组成，他们熟悉社交媒体营销及社交媒体用户行为的相关研究。三名成员先一起对 20 条真实打卡数据进行编码，以确定编码规则；随后两名成员独立编码，完成编码后核对讨论，无法达成一致意见的，由第三名成员确定。

二、开放式编码

开放式编码是从原始资料语句中提取能代表该语句的概念的过程，通过该过程可识别大量的主题。每通过一种方法收集、整理完数据，编码小组都会对其进行开放式编码，由于空间限制及便于读者的整体理解，下面展示时综合整理了所有来源的初始概念和范畴。随着数据的增加和新概念的出现，编码小组成员经常返回修正已有的概念，以使概念之间的区分度更高。最初编码小组提炼了虚拟货币、对学习的肯定、奖励的名人效应、象征意义、成就感等 51 个初始概念，这些初始概念之间存在重叠和交叉，进一步分析、剖析和整合之后，最终确定了 33 个范畴，结果见表 4.2。

表 4.2　开放式编码结果

范畴	原始资料语句（初始概念）
游戏化	B1 为了 6 个贝壳（发布指定图片）（贝壳——虚拟货币） B8 扇贝的圣诞徽章有点好看，我下班要背个单词了（徽章——游戏元素） A116 每天打卡获得的贝壳都会比昨天多一点（持续打卡，虚拟奖励增多）
奖励设计	A102 她不需要（笔记本），她有许多了（奖励的有用性） A142 我就是来赚那 100 块钱的（100 块钱——金钱奖励额度） B14（奖励）是肖骁的签名照！爱了爱了（肖骁——奖励的名人效应）
反馈	A114 学了一小会儿，打卡是对自己今天学习的一种肯定吧（对学习的肯定）
监督	B4 # 扇贝打卡 68（68——自我追踪） A117 也是对自己的一种监督吧（自我监督）

续表

范畴	原始资料语句（初始概念）
象征意义	B18 是自己 666 天打卡（666 天——象征意义） B33 但是为了让生活有一点仪式感还是加了（仪式感）
成就感	B39 有些成就感也是挺不错的，50 块钱买个成就感（成就感） A115 特别是连续多少天打卡，会有一种持续的成就感（成就感） E7 我也觉得就是很酷啊（酷）
内容类型	E10 薄荷阅读要求在朋友圈分享链接，链接体现了品牌信息、产品信息和学习进度（分享链接） A132 集训营是每天在群里提交作业（交作业） E13 得到打卡的方式比较多样，比如除了显示学习产品的名称和学习进展，还需要详细写学习体验（显示学习信息、写体验）
社交媒体关系强度	A135 我不愿意在朋友圈中打卡，准确地说，不愿意在认识的人的圈子里打卡（认识的人的圈子——受众关系强度）
社交媒体可用性	B18 因为把手机微博卸载了，所以很久没有微博打卡了（卸载了微博——社交媒体不可用）
隐私倾向	A052 我不想被别人知道，所以不敢分享在朋友圈（不想让别人知道——隐私倾向）
自我效能	B7 最开始觉得自己肯定坚持不了，加入一个 365 天打卡（感觉自己坚持不了——能力无法完成任务）
打卡天数	A101 我这个最多只需要分享 7 天（7 天——天数）
指令性规范	A212 我们几个人一起学习，一起打卡（一起学习的打卡）
示范性规范	A142 我看朋友圈很多人都在打卡，我也打呢（朋友圈其他人打卡）
自我强化	A036 别人看我朋友圈就看到我坚持学习英语，第一印象要不是我英语肯定不错就是看到了我的坚持……（展示坚持或英语的形象） E2 努力学习了就要让全世界知道！不然就白学了！（展示努力学习的形象）
社交支持	A034 通过打卡我的同学朋友们都知道我在学习英语，时不时就鼓励我什么的，还有就是和我一起学习（朋友鼓励——社交支持）
社会负反馈	A045 我主要也是觉得天天发朋友圈，招人烦，被几个同事屏蔽了（同事屏蔽——负面社会反应）
员工交互	E6 老师啊我们打卡以后你能不能去朋友圈给我们点点赞以表鼓励，否则我们就不打了（要求老师点赞——员工交互）
习惯	A032 因为坚持打卡不知不觉就养成了习惯，一天不打卡都难受（习惯）
感知有用性	A035 我觉得对我有用我可以提高进步就够了，所以我坚持打卡（有助于进步——感知有用）

续表

范畴	原始资料语句（初始概念）
社交网站披露意图	A118 朋友圈里应该分享一些生活的美好（分享生活美好） A106 我一般不发（朋友圈），一般就是医院要求宣传，就发一下（宣传组织） A125 我不喜欢树人设（不树人设）
语义联想	A099 打卡，让我感觉像是一个很浮躁的词语，有点像到此一游的感觉（浮躁、到此一游——联想）
信息流控制度	E4 发朋友圈还不能分组可见（不能分组）
奖励变化	B17 关键是后面的奖品敷衍了……但是明显不如之前了，所以跟365说拜拜了，不会再参加了（明显不如以前——奖励减少）
利他性	A163 打卡没有带来任何有用的信息（无有用信息——信息价值低） A103 希望能帮助到需要提高口语的人（帮助他人） B12 我有一个学霸同桌，不想让人家因为我的一次没打卡让和人家的同桌计划失败（不想让别人的计划失败——利他） A1110 觉得我打扰了看朋友圈的人（打扰别人）
时间和精力	B45 为什么这段时间没有在扇贝上打卡。因为要天天背高考单词……要把我的脑袋挤爆啦（没有时间——时间压力） A123 我嫌它（打卡）麻烦（麻烦——花费精力） A117 主要觉得别人看到了还会点赞（我）挺麻烦的（社交麻烦）
自律	A102 有的人应该是为了坚持吧（为了坚持）
企业偏爱	B14 爱了爱了！！！谢谢扇贝！@扇贝网我以后一定天天背单词天天打卡天天向上（喜欢扇贝网）
公开型打卡	B49# 扇贝打卡 我在扇贝学英语的第62天，坚持学习，未来可期（仅发布指定信息） B2# 扇贝打卡 欢度佳节，期末的压力阀已封闭，压力表loading+指定图片+其他图片（发布指定信息+生活感悟） B9 单词复习越来越快了……英语听力看不懂怎么听+指定图片（微博公开发布指定信息+学习感悟）
社群型打卡	A132 集训营是每天在微信群里提交作业（微信群）
私人型打卡	A052 一般是在微博上以私人可见的形式发微博打卡（微博私人可见）
策略型打卡	A111 我一般是分享到QQ空间、朋友圈或者微博……，但之后会删掉（打卡后删掉）
无行动	A123 我不打卡……我觉得那个书无所谓，学到东西就好了（不打卡）

注："A"表示知识消费者的访谈数据，接下来两位数字表示访谈者的编号，末尾的一位或者两位数字表示语句编号；"B"表示社交媒体中的真实打卡信息，根据每条信息顺序编码，E表示参与式观察获取的数据。

三、轴心编码

轴心编码是识别开放式编码结果中各范畴之间的关系，通过聚类，组合相关的范畴和主题，形成主范畴。具体来说，笔者确定了开放式编码结果中 32 个范畴对应的内涵，并仔细分析各范畴之间的关系，最后归纳为社交性结果、情感性结果、功用性结果、情感契合、习惯、个体特征、资源可得性、打卡行为、主观规范、社会交互、组织奖励、分享机制、员工交互 13 个主范畴，这 13 个主范畴可以分为用户层面、组织层面、社会环境层面 3 类，用户层面的打卡行为是结果，编码结果见表 4.3。

表 4.3　轴心编码结果

类别	主范畴	范畴	范畴对应的内涵
用户层面	社交性结果	自我强化	通过打卡以树立爱学习、博学等积极形象
		利他性	感知打卡活动本身及分享的内容对其他用户完成任务、获取信息、选择产品的有用程度
	情感性结果	象征意义	产品、服务、活动或其他相关线索给用户带来象征意义
		成就感	成功完成指定任务后获得的自豪、骄傲、享乐等积极情绪
	功用性结果	监督	用户记录学习过程中的具体特征
		自律	通过设定目标以助于完成任务、获得奖励或者避免负面结果
		反馈	用户的学习行为或者学习成果获得信息性评价
		感知有用性	通过打卡能够提升在线学习绩效的效果
	情感契合	企业偏爱	用户对企业的品牌或产品有积极的情感
	习惯	打卡习惯	用户长期打卡养成的行为方式
	个体特征	自我效能	对自身能力是否能完成在线学习的主观判断
		隐私倾向	对暴露个人隐私信息的态度（开放或保守）
		社交网站自我披露意图	用户对其社交网站自我披露的控制程度
		语义联想	用户通过打卡一词产生的联想
	资源可得性	时间和精力	打卡需投入的时间和精力资源
		社交媒体可用性	打卡要求的社交媒体对用户来说是否能用

类别	主范畴	范畴	范畴对应的内涵
用户层面	打卡行为	私人型打卡	在社交媒体中以仅自己可见的方式参与打卡活动
		公开型打卡	在社交媒体中以公开的方式参与打卡活动
		社群型打卡	在以知识型产品或活动为中心建立的社群中打卡
		策略型打卡	用户在打卡时会慎重权衡打卡的得失,选择能获得收益同时避免不良影响的方式
社会环境层面	主观规范	示范性规范	学习社群或社交媒体联系人打卡行为的示范性影响
		指令性规范	个体为符合共同学习群体的期望而打卡
	社会交互	社交支持	社交媒体联系人对打卡者表达支持、陪伴的互动过程
		社会负反馈	社交媒体联系人对打卡信息采取屏蔽等逃避行为
组织层面	组织奖励	奖励设计	对完成打卡后奖励形式、额度等的规定
		奖励改变	与之前完成打卡相比,奖励在额度、形式等方面的变化
		游戏化	知识服务商将游戏元素、游戏思维等游戏概念融入打卡奖励的设计中,比如徽章、积分、持续打卡奖励递增等
	分享机制	内容类型	打卡活动中要求分享的内容类型
		信息流控制度	用户对打卡信息流控制程度的高低
		打卡天数	打卡活动中要求的打卡天数
		社交媒体关系强度	企业要求打卡的社交媒体在用户结构、社会交互程度、社会线索数量等方面的特点
	员工交互	员工交互	员工与用户针对打卡进行的交互过程

四、选择性编码

选择性编码是分析各主范畴之间的联系,从主范畴中挖掘核心范畴。本研究的核心范畴是"用户的打卡行为",针对知识服务商推出的社交媒体打卡活动,用户有 5 种应对行为:不打卡、公开型打卡、社群型打卡、私人型打卡和策略型打卡,这 5 种应对行为与其他主范畴之间的联系为:组织推出打卡活动后,付费用户会了解打卡机制和组织提供的奖励,并结合自己的个体特征、资源可得性，判断打卡是否能满足功用需求、情感需求、社交需求，当能满足以上一种需求时，用户再选择打卡方式。打卡是一个持续过程，打卡过程中，一方面，有些用户会形成习惯，习惯会直接促使用户打卡；另一方面，社交媒体的联系人会与打卡者进行交互，既可能表示支持，也可能表示反感，这种交互会进一步影响用户的价值判断，从而影响用户打卡行为。知识服务商在提供互联网知识产品时，通常也会建立社群，用户与企业员工可以通过社群联系和交互，员工的交互会直接影响用户的行为；在持续使用知识性产品过程中，用户可能会对知识服务商产生情感契合，情感契合也会直接促进用户持续打卡，各主范畴的关系如图 4.1 所示。

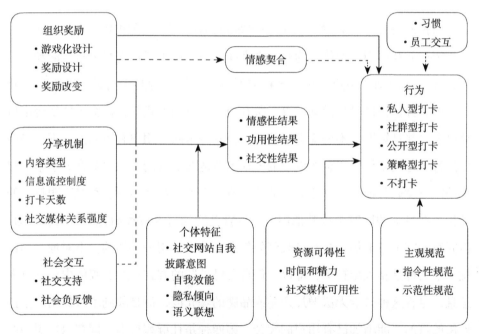

图 4.1　基于扎根理论的打卡行为的影响因素模型

注：虚线表示该因素只影响后续的持续打卡行为，实线表示该因素影响初始和后续的持续打卡行为。

第三节　模型阐述

一、用户层面的范畴

用户层面的范畴包括结果打卡行为，社交性结果、情感性结果、功用性结果、资源可得性、个体特征、习惯和情感契合。

（一）用户的打卡行为

知识服务商一方面为了促进用户坚持使用产品，增加用户契合；另一方面希望充分利用用户价值，为企业带来新用户，推出了社交媒体打卡活动。面对企业的此活动，用户采用了 5 种应对方式。第一种是无行动，即不参与打卡。第二种是积极参与活动，以"所有用户可见的方式"在社交媒体平台中持续打卡，并且短期内不删除打卡信息。公开打卡时，用户有不同的表现，最简单的打卡方式是仅分享企业设定的图片或者链接，有的用户也会在分享指定内容的同时发表其他内容，比如生活感悟或者学习收获和感悟、直接表明打卡的动机。在打卡的同时生成其他内容，尽管会增加打卡过程消耗的时间和精力，但同时丰富了打卡信息接收者收到的信息，减少了用户感知的打卡对他人的侵扰。第三种是私人型打卡，即以"仅自己可见"的方式在社交媒体中分享打卡信息，尽管这种打卡无法增加产品或品牌的曝光度，但是起到了督促用户坚持使用的目的，能增加已有用户的契合。第四种是社群型打卡，即在以知识型产品或活动为中心建立的社群中打卡，公开程度介于公开打卡和私人打卡之间，它在获取新用户方面的作用较小，但是一方面打卡本身能督促打卡者持续学习，另一方面他人的打卡行为也会产生提醒、督促、影响等，从而增加已有用户的契合。第五种是策略型打卡，即用户为了获取目标利益，先在社交媒体公开打卡，为了避免负面影响，获取预期利益之后，立即删除打卡信息的行为。由于策略型打卡者随后会删除打卡内容，所以他们对宣传企业、获取新用户的影响要小于公开打卡者。

（二）情感性结果

情感性结果包括成就感和象征意义两方面。首先，成就感指成功完成指定任务后获得的自豪、骄傲、赞许等积极情绪。当人们花费大量努力或时间在某件事情上时，可产生成就感（Franke et al.，2010）。打卡是一种持续行为，且提前设定了成功的标准，打卡完成既定目标可以带来成就感。打卡活动兴起之初，用户的成就感还来源于打卡带来的酷感知，因为打卡能表达个性、亲社会，但是随着打卡活动的盛行，这种酷感知逐渐降低，甚至消失。其次，特殊的符号和仪式具有象征意义。打卡是一套流程式的、重复的规律性动作，分享有特定内容格式的信息这种行为为代表用户完成了学习任务，这使得打卡成为一种仪式。打卡显示的内容中常包含天数、学习时间等数字，人们常赋予一些数字特殊意义，如 6 象征吉祥，重复打卡仪式和数字的特殊含义使打卡具有象征意义，这能满足用户的情感需求。认同以上情感性结果的用户更加愿意在社交媒体中公开打卡。

（三）社交性结果

社交性结果指用户感知打卡对维持个体社交关系、树立个人正面形象的有用性，它包括自我强化和利他性两方面。

自我强化指用户感知持续分享打卡有助于树立爱学习、博学、坚持等积极形象。社交媒体中的用户会根据个体分享的内容推断个体的特征。知识服务商推出的打卡活动要求用户持续分享学习进展、学习内容等信息，持续分享可以展示坚持、有耐力等形象；不断学习可以展示爱学习的形象，为了树立正面形象，用户会在社交媒体中公开打卡。例如：一位受访者（A3）提到"别人看你朋友圈就看到你坚持学习英语，别人第一印象要不是你英语肯定不错就是看到了你的坚持，别人会认为你是一种耐心可以坚持做事情的人，像领导什么的就喜欢这种人"。

利他性指感知打卡活动本身及分享的内容对其他用户完成任务、获取信息、选择产品的有用程度。在打卡行为中，用户既会考虑对自身的价值，也会考虑对他人的价值。打卡活动的利益相关者除了打卡者和知识服务商，还包括与打卡者一起参与活动的用户和打卡者社交媒体上的联系人，利他性主要体现在对后两者的影响中。互联网知识服务中，知识服务商常通过社群连接用户（邢小强和周平录，2019），此时用户获取知识可看作一种群体行为，当完成打卡获得的奖励涉及他人的利益时，为了不阻碍他人获得利益，用户会选择坚持打卡，比如同桌计划中，为了维持同桌关系用户坚持打卡。公开型打卡和社群型打卡中，打卡者的社交媒体联系人是打卡信息的主要接收者，用户会考虑打卡信息对这些人的价值。社交媒体营销、病毒营销等营销手段越来越普遍，许多个体会思考企业组织各种活动的意图。根据打卡机制，如果用户认为打卡活动的主要目的是营销，就会增加其感知打卡的侵扰性，因为用户使用社交媒体时不希望看到广告；不过如果用户认为打卡分享的产品信息有助于其他用户选择满意的产品，则能增加公开打卡意愿。访谈中发现，几乎所有的用户都是看到社交网站中其他用户的打卡信息后购买了知识型产品，购买表达了用户对产品形式或预计结果的满意，这表明打卡者分享的信息有助于帮助他人选择合适的产品。坚持打卡对他人还有示范和鼓励作用，比如"还有的朋友因为看到我打卡，自己也开始做一些事"（A12）。

（四）功用性结果

功用性结果指用户感知打卡对自我监督、提升自我等有用结果的评估，包括监督、自律、反馈和感知有用性。监督通过记录学习过程中的具体特征实现，用户在打卡时常特别强调学习进度、学习时间等量化数字，以监督学习。自律是通过设定目标以助于完成任务、获得奖励或者避免负面结果，它是持续自我追踪和监督要实现的目标之一。反馈指通过打卡用户可以获得学习行为或者学习成果的信息性评价，用户为知识付费的目的是有效获取知识、提升自我，但是由于消费知识产品需要付出努力，且其效果难以被迅速观察，因此用户常常中途放弃，打卡则可作为对学习过程的及时反馈，肯定用户的努力。感知有用性指感知打卡是否有助于实现为知识付费的目标，打卡只是副产品。感知打卡有助于培养自律，想要提升在线学习效果的用户更愿意参与打卡活动，无论是私下打卡还是公开打卡。

（五）资源可得性

资源可得性指个体是否具备持续打卡所需的资源，主要包括时间和精力及社交媒体可用性。打卡作为一种连续行为，其执行需要付出时间和精力，访谈中许多用户提到了"麻烦"一词，感知打卡付出的时间和精力多使得许多用户不愿意打卡。打卡投入的时间和精力还体现在交互中，用户公开打卡后，其社交媒体联系人可能会与打卡信息交互，打卡者需要投入资源查看交互信息，并做出回应，这进一步增加了付出的精力。

社交媒体是打卡活动要求的平台环境，由于各类社交媒体功能的局限性，学习平台和打卡所在的社交媒体平台有时是分离的，比如使用知识服务商的应用程序学习，使用微博进行打卡。对于未安装或者不使用所需社交媒体的用户，社交媒体平台不可达会直接降低用户的打卡意愿。

（六）个体特征

用户的个体特征包括自我效能、隐私倾向、社交网站披露意图和语义联想。

自我效能指对自身能力是否能完成在线学习的主观判断。自我效能低的用户为了督促自己学习，更愿意打卡；而对于自我效能高的用户，即使不打卡他们也能按时完成学习任务，他们感知的打卡功用性结果减弱。

隐私倾向指用户对暴露个人隐私信息的态度，或保守或开放。公开型打卡和社群型打卡会暴露个人的学习进展、生活状态等信息，保守的人不愿意在社交媒体中公开自己的信息，他们会选择不打卡或者私人打卡。

社交网站披露意图指个人对其社交网站自我披露的控制程度。享乐是用户使用社交网站的主要动机之一，有意识保持社交网站享乐性的用户更愿意披露享乐性价值高的信息，如日常生活等，打卡本身呈现的信息享乐价值较低，因此，这类用户会选择不公开打卡或者公开打卡时也披露其他与生活或学习相关的信息，以增加社交网站联系人看到打卡信息时的享乐性。但是有一些个体对社交媒体中他人的看法重视程度较低，他们对社交媒体披露信息的控制程度也低，平时就常披露享乐价值低（比如宣传广告等）信息，这类个体更看重打卡为自己带来的价值。

"打卡"一词用于很多场合，比如最初考勤中的打卡、旅游中分享位置信息，不同的用户会根据其惯用场景，联想知识付费背景下打卡的含义，这会影响其对打卡这件事的整体性评价。比如，旅游中分享位置打卡是单次活动，其主要动机之一是迎合社会潮流、炫耀，而知识付费背景下的打卡是一个需要长期坚持的过程，且其应是在线学习的副产品，当个体用旅游场景中的打卡来思考知识付费中的打卡时，会降低感知打卡的价值。

（七）习惯

习惯的影响体现在执行打卡活动的中后期。根据习惯的相关研究，随着行为执行次数的增加，自动认知过程会指导行为（Ajzen，2002）。一位受访者提及"因为坚持打卡不知不觉就养成了习惯，一天不打卡都难受得慌"（A213）。习惯还会降低打卡的感知成本，当个体谈到打卡带来的负面影响时，有用户提及"发着发着就习惯了，没什么"（E5），所以形成打卡习惯的用户更愿意打卡。但是，习惯的养成需要一段时间，知识服务商需要考虑如何让用户养成打卡习惯。

（八）情感契合

情感契合指用户对企业的品牌或产品有积极的情感，比如喜欢产品或品牌。情感契合会直接促进用户参与打卡活动。通过知识型产品、服务或者打卡提供的奖励，都能促进用户情感契合，比如以名人的签名照作为打卡奖励，这种奖励具有名人效应，用户会把对名人的情感转移至对产品或服务中，增加对知识服务商的正向情感。

二、组织层面的范畴

（一）组织奖励

打卡一般由知识服务商发起，为了鼓励用户参与打卡活动，知识服务商采用了多种奖励措施，包括游戏化设计、实物奖励、金钱奖励、慈善奖励。游戏化指把游戏设计原则和元素引入活动，比如扇贝英语设计了通用积分贝壳，每次打卡均可获得贝壳，连续打卡时获得的贝壳数增加。知识服务商提供的书籍、笔记本等实物产品也会影响用户的打卡意愿。一方面，实物奖品与数字化知识的关联性增加了用户对实物奖品的感知经济价值，这增强了用户获得奖品的动机，为了获得奖品，用户持续打卡。另一方面，如前所述，实物奖品还可能提升用户的情感契合，进而影响打卡行为。知识服务商还采用了金钱奖励的方式，比如完成打卡退回学费，这对用户的激励作用非常大，有的用户即使对产品不满意，也会为了获取金钱而坚持打卡，但是此时其打卡的内在动机较低，常仅分享企业设定的内容。对于有多次付费经验的用户，物质奖励的变化也会影响用户的打卡行为，当物质奖励降低时，用户的打卡意愿明显下降。

（二）分享机制

除了奖励，组织还会规定打卡机制，一般包括打卡时分享的内容、打卡天数、信息流控制度、打卡的平台。打卡分享的内容有多种形式，图片、链接、文字均可。从具体内容来看，既可分享学习进度、产品信息，也可分享学习收获，如分享读后感或者学后感，还可以提交作业，如 PPT356 每天需要分享制作的 PPT。针对不同内容，用户投入的时间和精力不同，对信息接收者的有用性也有差异。打卡天数常与学习知识的时间相关，当学习时间较短（如一周）时，组织常规定需每日打卡；但当学习时间较长时，组织常要求用户 80% 左右的时间打卡。信息流控制度指用户对打卡信息流控制程度的高低，如是否可以选择打卡的社交媒体平台、是否可以分组。

打卡的平台包括各类社交媒体，如朋友圈、微博、自建知识社区或者微信社群，不同社交媒体联系人之间的关系强度有差异。比如，微博是在开放平台中发布信息，信息的接收者和发布者可能只是单向关注关系，即信息发布者与接收者的关系强度较弱；而社交网站的主要目的是维系社交网络中的关系，信息发布者与接收者的关系强度较强（Liu et al., 2016）。打卡内容和社交媒体的关系强度会相互作用影响用户对打卡的态度和打卡意愿，几位访谈者提到与朋友圈相比，他们更愿意在微博中打卡。

（三）员工交互

互联网知识付费中，社群能链接用户和知识服务商。知识服务商的员工常以老师、班主任、助教、主持人等身份出现，负责管理社群，他们介绍产品、宣布社群制度、回答提问、搜集建议、提醒用户按时学习等。这些员工作为知识服务商代表，直接与用户交互，他们与用户的关系直接影响其打卡行为。与员工交互越多的用户，越愿意响应知识服务商推出的各项活动，包括打卡。参与式观察中发现，有些用户要求员工点赞其打卡信息，以表示鼓励。这表明员工与用户对打卡信息的交互会提升用户打卡的意愿。

三、社会环境层面的范畴

社会层面的范畴包括主观规范和社会交互。

（一）主观规范

主观规范指外界环境的压力对用户打卡行为的影响，它包括两个维度：示范性规范和指令性规范。示范性规范指学习型社群和社交媒体联系人打卡行为的示范性影响。通过学习型社群和社交媒体，用户可以看到一起获取知识的群体和社交媒体联系人的打卡行为，受从众心理影响，用户也更愿意公开打卡。指令性规范指个体为符合共同学习群体的期望而打卡，比如当几个人一起学习获取知识时，该群体口头规定共同打卡，在该规定影响下，用户选择打卡。

（二）社会交互

打卡是一种持续性行为，在持续期间，基于社交媒体进行的社会交互会影响用户的态度和行为。访谈资料显示，打卡信息的接收者对打卡呈现出两种完全不同的态度。有些人对打卡者表达支持、陪伴，如点赞打卡信息、为打卡者加油，还有些人对打卡信息采取屏蔽等逃避行为，前者称为社交支持，后者称为社会负反馈。这两种截然相反的反应影响打卡者对打卡感知结果的判断，支持行为加深了打卡有助于自我强化、利他的认知，负反馈行为使打卡者认为持续打卡会对打卡者与打卡信息接收者之间的关系造成负面影响。持前一种观点的用户会更加积极地公开打卡，而持后一种观点的用户则可能慢慢改为策略性打卡或者不打卡。

四、影响因素之间的逻辑关系

图 4.1 不仅显示了各类包括的范畴，还展示了各范畴之间的关系。

第一，社交结果、情感性结果、功用性结果、情感契合、主观规范、资源可得性和员工交互均可直接影响用户的打卡行为；当用户认可打卡在社交、情感和功用中的一种正面结果时，都可能会选择参与打卡活动；如果这些结果出现了矛盾，即用户既认同打卡在一个维度上带来的正面结果，但也意识到其在另一个维度上的负面结果时，可能会选择策略性打卡和私人打卡；观察到他人的打卡行为后，受从众心理影响，用户打卡意愿增强；情感契合和员工交互均能促使用户打卡，但是其长期作用未知；资源不可得使得用户不打卡。

第二，组织奖励一方面能直接促进用户打卡，另一方面通过奖励的名人效应能增强用户的情感契合，进而影响打卡行为。组织奖励还会与分享机制、规范性影响共同通过感知的社交结果、情感性结果和功用性结果影响打卡行为。打卡的内容类型会影响感知利他性，提交作业形式的打卡对他人提供的知识性帮助更大，分享学习进度则对他人的直接知识性帮助较小；打卡利用社交媒体的关系强度大小也会影响感知社交结果；示范性规范还会通过感知利他性影响用户的打卡行为。

第三，打卡一段时间，用户形成习惯会直接促进其打卡行为，但是打卡习惯的养成需要培养；来自社交媒体的社会交互也会通过感知结果影响打卡行为。社交支持有利于加强感知正面社会性结果，促进用户坚持打卡；负反馈则有相反作用，它可能使用户改变应对方式。

第四，用户的个体特征也会影响用户的打卡行为，比如，自我效能强的用户感知打卡的功用性结果低，其参与打卡的意愿弱；隐私倾向保守和有意控制社交媒体自我披露意图的用户感知打卡的社交性结果低，倾向于私下打卡；对"打卡"一词的语义联想也会能感知其功用性结果而影响打卡行为。

——— 本章小结 ———

本章通过新浪微博、参与观察和访谈搜集数据，采用扎根理论全面而系统地考察了影响用户执行互动型顾客契合行为——打卡的因素，主要有以下发现。

第一，针对用户推出的社交媒体打卡活动，用户有 4 种互动方式：私人型打卡、公开型打卡、社群型打卡和策略型打卡。公开型打卡中，用户可以选择仅打卡、打卡时附带学习体验、生活体验、打卡动机等内容。

第二，影响用户应对方式的因素可以分为三类：用户层面的范畴、组织层面的范畴、社会环境层面的范畴。

第三，用户层面的范畴包括社交性结果、情感性结果、功用性结果、习惯、个体特征、资源可得性、情感契合。具体来说，社交性结果包括自我强化和利他性；情感性结果包括象征意义、成就感；功用性结果包括自我追踪、自律、感知有用性和反馈。用户个体特征包括自我效能、隐私倾向、语义联想和社交网站披露意图；资源可得性包括时间和精力及社交媒体可用性。用户层面的范畴直接影响用户的打卡行为。

第四，组织层面的范畴包括组织奖励、分享机制和员工交互。组织奖励包括游戏化设计、奖励设计和奖励改变。分享机制包括内容类型、打卡天数、信息流控制程度和社交媒体关系强度。它们通过用户层面的范畴影响打卡行为。

第五，社会环境层面的范畴包括主观规范和社会交互。主观规范又可分为指令性规范和示范性规范；社会交互包括社交支持和社会负反馈，打卡一段时间后，社会交互通过社会性结果影响打卡行为。

第五章 公开互动非交易型顾客契合行为的影响机制分析

第四章通过扎根理论研究发现对于打卡这种互动非交易型在线顾客契合行为，用户可选择公开打卡、私人打卡、社群打卡或者策略型打卡。这四种方式中，公开打卡的用户契合度最高，且有效增加了品牌和产品的曝光度，有利于知识服务商吸引新的用户，为企业带来较大的价值，因此本章将使用定量分析方法着重探讨在社交网站打卡这种公开互动型在线顾客契合行为。

第一节 理论基础和研究假设

一、社会交换理论在本研究中的应用

社会交换理论解释了社会交换中人的行为（Blau，1964），社会交换的特点包括：①社会交换的基础包括互惠、义务和承诺（Emerson，1976）；②社会交换的结局是开放的，它具有长期性；③被交换的成本和收益常常是无形的。基于以上特点，本研究认为知识付费用户在社交媒体中打卡是一种社会交换，因为①社交媒体中的好友关系或者被关注关系不是一次性交易，它们随着时间而发展；②社交媒体中内容的贡献和消费需要互惠，即用户期待从其好友或者

关注者的社交媒体中获得有价值的信息；③打卡的部分收益是无形的，如通过打卡获得的成就感、仪式感、自律；④成本是完成任务的支出，在社会交换理论中，成本指行为导致的负向结果（Yan et al.，2016）。打卡导致的一些成本也是无形的，如一些用户认为打卡信息侵扰了其社交媒体使用，由此会损害打卡者的社会形象。根据社会交换理论，人们会基于收益和成本比较社会交换的总体价值（Blau，1964；Molm，1997）。社会交换过程中付出的所有资源和交换的负面结果都可以看作成本，收到的资源和交换的正面结果都可以看作收益（Blau，1964；Kankanhalli et al.，2005）。总体价值决定是否要进行交换，只有当交换的感知收益（包括社会收益和经济收益）等于或者大于感知成本时，用户才愿意交换。因此，本章使用社会交换理论来解释知识付费用户在社交网站中的打卡行为。

第四章识别了影响用户打卡行为的因素，从组织奖励中用户可以获得经济价值，从情感性结果、社交性结果和功用性结果分别可以获得情感价值、社交价值和功用价值。为了鼓励用户在社交网站持续打卡，企业会送给用户优惠券、书籍，甚至返还现金，因此本章的概念模型认为经济奖励是打卡的一种感知收益。消费知识产品能体现爱学习、期待自我提升的特点，打卡则可能有助于打卡者在其好友心中形成这种正面形象，因此本章的概念模型把自我强化作为一种感知社交收益。在情感方面的感知收益主要包括成就感和帮助他人的愉悦感，尽管利他性属于功用价值，但是从打卡者角度来看，帮助他人之后可以获得愉悦感（Ahrens et al.，2013），因此本章的概念模型把成就感和帮助他人的愉悦感作为感知情感收益。自我提升是用户付费的动机之一（张帅 等，2017），但是在线学习中常难以长期坚持（Rovai，2002），自律是打卡的主要功用价值之一，因此本章的概念模型把自律作为一种感知收益。

社会交换中的成本包括机会成本和实际资源的损失。第四章的定性研究表明社会负反馈会影响用户的打卡行为，社交媒体联系人对打卡者采取屏蔽等行动体现了打卡者和社交媒体联系人关系的变化以及打卡者在社交媒体联系人心中形象的变化，这与用户参与推荐奖励计划时的社交成本一致（Jin，Huang，2014）。用户使用脸书等社交网站的主要动机是娱乐（Schulze et al.，2014），即更倾向于看到享乐价值高的信息，而用户打卡所分享的内容主要包含品牌信息、用户学习情况等，其享乐价值较低，且有时需要连续几十天分享，这可能使社交网站中的好友持续浏览到享乐价值低的信息，为了减少此类信息的干扰，会对打卡者采取避免行为（Kelly et al.，2010），也会影响与打卡者的关系，这形成社交媒体中公开打卡行为的社交成本。时间和精力也会影响用户的打卡行为，从成本角度来看，这与分享知识和口碑的执行成本相一致，执行成本指执行活动时个人花费的时间、物质和财政资源（Yan et al.，2016），因此，本章的概念模型提炼执行成本和社交成本作为公开打卡的感知成本。

二、概念模型与研究假设

图 5.1 展示了用户在社交网站持续公开打卡意愿的概念模型。

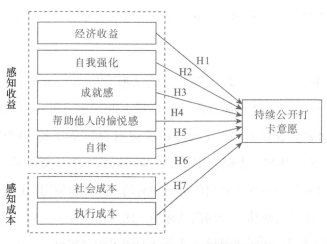

图 5.1　用户持续公开打卡意愿的概念模型

（一）感知收益

1. 经济收益

经济奖励是人类行为的重要驱动力，它有效地增加了问卷反馈（Hansen，1980）和口碑生成（Wirtz，Chew，2002）。企业的推荐奖励项目中，奖励增加了推荐产品的可能性，特别是对于弱品牌（Ryu，Feick，2007）；社交网站中，经济奖励也能促进商业内容的分享（Vilnai-Yavetz et al.，2018）。知识服务商的打卡活动常设计勋章、虚拟货币等游戏要素和物质奖励。据此，本章提出以下假设：

H1：经济收益正向影响用户在社交网站持续公开打卡的意愿。

2. 自我强化

自我强化来源于人们希望得到别人的正面认可（Henning et al.，2004）。社交媒体中，人们通过有意识地分享信息以进行形象管理（Berger et al.，2014），如在知识社区中分享知识以形成专家形象，生成口碑以形成聪明的购物者形象。与之相似，如果用户认为在社交网站上持续分享学习进展可以得到好友的正面认可，则持续公开打卡的意愿更高。据此，本章提出以下假设：

H2：自我强化正向影响用户在社交网站持续公开打卡的意愿。

3. 成就感

在教育领域，学者常关注学生的成就感（Wigfield et al.，2015）。人们花费大量努力、时间和注意力在某件事情上的过程，可产生成就感和自豪感（Franke et al.，2010），而成就感可增强对目标的坚持（Williams et al.，2008）。一方面，用户打卡链接中显示的学习时间、学习成果等定量化数据向用户展示了其在学习过程中付出的努力和时间，这可能使用户产生成就感；另一方面，打卡活动有成功与否的判断标准，比如连续打卡一周，这使得持续打卡本身也可能使用户产生成就感，从而增加学习和坚持打卡意愿。据此，本章提出以下假设：

H3：成就感正向影响用户在社交网站持续公开打卡的意愿。

4. 帮助他人的愉悦感

在线社交网站主要是一种享乐型平台，享乐比感知有用更能驱使用户参与（Rosen，Sherman，2006）。助人的愉悦感来源于利他主义，利他是为他人做某事而不期待任何回报，它是用户分享知识、在线传播营销信息的主要动机之一（Zhao et al.，2016；Ho et al.，2010）。根据社会学习理论，人们通过观察行为或者倾听意见向别人学习（Bandura，1978），社交网站中用户观察到好友持续分享自身学习情况，可能也模仿其行为而学习。从分享者角度看，在线学习是一种积极、正面的行为，持续分享隐含说明了品牌和产品的有用性，分享正面理念和口碑可以帮助接受者（Ahrens et al.，2013），用户通过帮助他人获得愉悦感。据此，本章提出以下假设：

H4：帮助他人的愉悦感正向影响用户在社交网站持续公开打卡的意愿。

5. 自律

可追溯活动有以下特点：①有清晰的开始和结束；②可以在任何一点停止或者继续；③活动可以被量化（Weathers et al.，2018）。打卡显示的学习时间、学习进度信息量化了在线学习行为。根据以上定义，打卡是一种可追溯活动，因为：①一般在打卡开始之前，知识服务商会规定打卡的开始时间和结束时间，比如开始提供服务当天为打卡开始时间，服务结束当天为打卡结束时间；②在提供知识服务的时间段内，每天都可以选择打卡或者不打卡，即可以在任何一天停止或者继续；③打卡的次数可以被统计。自律指通过自我追踪获得的奖励或者希望（Gimpel et al.，2013），如达到一个目标或者避免负面结果。自律是用户追踪自我健康信息的主要动机之一（Gimpel et al.，2013）。知识服务商推出打卡的主要目的之一是督促用户坚持学习，用户打卡的主要动机之一也是进行自我追踪和自我监督，以达到自律。基于完成任务、获取专业知识、自我提升等个人需求以及在线学习的时间和地点灵活，用户愿意为在线知识付费（张帅 等，2017）。学习需经历较长时间，在线学习中学生难以长期坚持的问题更加严重（Rovai，2002），如何能坚持学习以满足个人提升需求是知识付费者重点关注的问题之一。打卡是用户学习之后才能执行的行为，且它是一种可追溯活动，因此，通过打卡可以追踪用户的自我学习状态，实现自律。据此，本章提出以下假设：

H5：自律正向影响用户在社交网站持续公开打卡的意愿。

（二）感知成本

1. 社交成本

社交成本指信息分享导致的分享者在信息接收者心中形象的变化，或者分享者和接收者关系的变化（Jin，Huang，2014）。大多数用户使用脸书的目的是乐趣或享乐，持续打卡时所发布内容的享乐价值较低。用户通过使用社交网站建立和维持社会关系（Chung et al.，2016），持续发布享乐价值低的内容可能会影响信息接收者与分享者之间的关系。出于维持社会关系的动机，用户可能不愿意持续打卡。据此，本章提出以下假设：

H6：感知社交成本负向影响用户在社交网站持续公开打卡的意愿。

2. 执行成本

执行成本指执行活动时个人花费的时间、物质和经济资源，它负向影响健康社区中基本知识的分享（Yan et al.，2016）。在线反馈系统中，感知努力也负向影响用户贡献的意愿（Tong et al.，2007）。打卡需要持续分享企业指定的内容，有时还需在分享内容的同时说明学习体验或者收获，这需花费用户的时间和精力。据此，本章提出以下假设：

H7：感知执行成本负向影响用户在社交网站持续公开打卡的意愿。

第二节 研究设计

一、研究背景和问卷设计

（一）研究背景

为了验证提出的概念模型和假设，本节使用情景实验的方法，它融合了问卷和实验室实验。问卷中，本节首先界定了打卡是指在社交网站上持续发布企业指定的内容，常包含品牌名称、学习情况等信息，如"我已完成 n 天的学习 [X 品牌]，今日学习 m 分钟"，并用图片的形式展示了一个示例。随后描述了一个情境，"想象您花 199 元订阅了知识付费企业 X 通过手机提供的在线知识产品 P，P 需要持续 100 天，每天学习 P 至少需花 15 分钟。每次学习完成，手机界面上都会显示以上图片中的信息。知识付费企业 X 号召您在朋友圈中持续分享以上图片以打卡，100 天之内打卡 80 次，可以获得 P 的纸质版产品。"随后基于此情境和使用微信朋友圈的体验回答与感知收益和感知成本相关的问题。之所以选择微信朋友圈作为指定的社交平台首先是因为使用朋友圈的用户数量众多，其次，微信朋友圈中的联系人多数也为线下好友，用户在其中更注重社会关系的建立和维护，这与本研究利用社会交换理论探讨打卡问题相一致。另外，这样的社交网站更有利于产品的营销，是企业最为重视的契合营销渠道之一。薄荷阅读、英语流利说等知识服务商都曾经使用微信朋友圈打卡的方法。

（二）问卷设计

问卷中包含了经济收益、自我强化、成就感、帮助他人的愉悦感、自律、感知社交成本、感知执行成本、持续打卡公开意愿8个主要的构念，对它们的测量构念采用李克特的7级量表，1表示非常不同意，7表示非常同意，具体题项和来源文献见表5.1。另外还把对打卡的态度、性别、年龄、学历、使用微信朋友圈的频率和家庭月收入作为控制变量。

表 5.1　问卷题项和参考文献

变量	问卷题项	文献
经济收益	当我在朋友圈打卡时，我非常希望获得经济奖励。 企业的经济奖励机制激励我在朋友圈持续打卡。 获得的经济奖励额度越大，我越可能在朋友圈持续打卡。 为了获得经济奖励，我在朋友圈持续打卡。	（Zhao et al.，2016）
自我强化	持续打卡有助于建立我爱学习的形象。 持续打卡会收到别人给我的正面反馈。 持续打卡会给别人留下正面印象。 持续打卡的人在学习上有更好的声誉。	（Alexandrov et al.，2013）
成就感	每天坚持打卡使我产生骄傲感。 我为每天坚持打卡而骄傲。	（Franke et al.，2010）
帮助他人的愉悦感	我喜欢与别人分享与在线学习相关的信息。 我喜欢分享在线学习产品信息以帮助别人。 分享在线学习产品信息帮助别人的感觉很好。 分享在线学习产品信息让我很高兴。	（Kankanhalli et al.，2005）
自律	打卡激励我继续为目标而努力。 打卡促进我自律。 打卡是对我自己的奖励。	（Gimpel et al.，2013）
感知社交成本	朋友圈中好友经常看到打卡信息会感觉不舒服。 朋友圈中好友经常看到打卡信息会认为我为了自己的利益损害了他们的利益。	（Jin et al.，2014）
感知执行成本	我没有时间在朋友圈持续打卡。 在朋友圈中持续打卡很费力。 在朋友圈中持续打卡需要付出很多努力。	（Kankanhalli et al.，2005）

续表

变量	问卷题项	文献
持续打卡公开意愿	我计划在朋友圈中持续打卡。 我打算在朋友圈中持续打卡。 未来我会在朋友圈中持续打卡。	（Shang et al., 2017）

问卷形成初稿后，先搜集了 30 份问卷以检测量表信度，结果感知社交成本的组合信度低于 50%，删除第一个题项后，组合信度高于 80%，所以在正式收集数据时，感知社交成本由两项构成。

二、数据收集

问卷搜集主要通过两种渠道。第一种是于 2019 年 12 月 10 日至 2019 年 12 月 20 日在天津、济南、山西和河南四地的高校组织问卷发放，课间的时候，通过 PPT 展示二维码，扫描二维码后填写问卷，每位填写问卷的人可以获得 2 元的报酬，共回收到 102 份问卷。第二种是为了增加非学生群体样本，通过已毕业的 MEM 学生及他们的熟人网络，收到 161 份问卷，两种渠道合计 263 份问卷。问卷中设计了注意力测试"本部分探究的是您在哪个社交网站打卡"，未选择朋友圈的问卷被剔除。另外还剔除了未使用过朋友圈、不知道任何知识产品、作答时间过短的问卷，最终收到 226 份有效问卷，有效率为 85.9%。本次调研样本的人口学特征见表 5.2，显示 65.5% 的用户属于朋友圈重度使用者，每天使用数次；女性人数明显多于男性，40 岁以下的人占比近 90%。采用偏最小二乘法结构模型（PLS）分析人口学特征对因变量的影响，结果显示性别、年龄、学历、家庭收入、使用朋友圈频率对持续公开打卡意愿影响的路径系数分别为 0.034、0.064、−0.054、0.046、0.100，但 p 值均大于 0.1，这表明这些特征都不影响用户持续公开打卡意愿。

表 5.2　样本的人口学特征

特征变量	分类	人数	比例 /%	特征变量	分类	人数	比例 /%
性别	男	81	35.8	职业	学生	120	53.1
	女	145	64.2		个体经营者	12	5.3
年龄	20 岁及以下	21	9.3		政府机关、事业单位工作者	41	18.1
	21~25 岁	84	37.2		企业从业人员	51	22.6
	26~30 岁	58	25.7		其他	2	0.9
	31~40 岁	39	17.2	家庭月收入	5000 元以下	88	38.9
	40 岁以上	24	10.6		5000~1 万元	67	29.7
学历	初中及以下	1	0.4		1 万 ~2 万元	50	22.1
	高中 / 中专 / 技校	7	3.1		2 万元以上	21	9.3
	大专	14	6.2	使用朋友圈的频率	每年数次	23	10.2
	本科	130	57.5		每个月数次	22	9.7
	硕士及以上	74	32.8		每周数次	33	14.6
					每天数次	148	65.5

第三节　数据分析和结果

一、量表评价

（一）共同方法偏差检验

本研究所有构念都由同一被调查者填写，可能存在共同方法偏差问题，根据 Harman 单因子检测法，将所有题项进行探索性因子分析，未旋转时第一个因子的方差解释水平为 38.7%，低于 40%，这表明共同方法偏差在可接受范围之内。以最大方差方法对所有潜变量进行旋转后，发现自律和成就感两个构念的所有变量在同一因子上的载荷系数都很大，无法有效区分，这可能是由于成就感的主要来源之一是自律，两者的相关性太强。删除成就感变量之后，再通过探索性因子分析，所有题项可以分为 7 个区分的因子，且与相应的潜变量一一对应，因此，在结构方程模型中未研究成就感的影响，但是依然对成就感的信度进行了判断。

（二）信度和效度检验

为了确保量表可信，我们验证了量表的信度。本章在 226 份有效问卷的基础上，首先用 SmartPLS 2.0 计算所有潜变量的 Cronbach's α，见表 5.3。帮助他人的愉悦感、自我强化、自律、成就感、经济收益、感知执行成本、感知社交成本和打卡意愿的 Cronbach's α 值分别为 0.935、0.946、0.926、0.917、0.939、0.860、0.880 和 0.970，均超过了 0.7。这表明本章所采用的量表具有较好的信度。

表 5.3　各变量的因子载荷、组合信度和 Cronbach's α

潜变量	观测变量	因子载荷系数	组合信度	Cronbach's α
帮助他人的愉悦感	EJ1	0.922	0.953	0.935
	EJ2	0.915		
	EJ3	0.892		
	EJ4	0.927		
自我强化	EN1	0.911	0.961	0.946
	EN2	0.944		
	EN3	0.934		
	EN4	0.923		
自律	D1	0.950	0.953	0.926
	D2	0.953		
	D3	0.898		
成就感	P1	0.955	0.956	0.917
	P2	0.960		
经济收益	N1	0.906	0.956	0.939
	N2	0.942		

续表

潜变量	观测变量	因子载荷系数	组合信度	Cronbach's α
经济收益	N3	0.920	0.956	0.939
	N4	0.911		
感知执行成本	C1	0.903	0.906	0.860
	C2	0.760		
	C3	0.949		
感知社交成本	S2	0.920	0.941	0.880
	S3	0.966		
打卡意愿	SH1	0.971	0.980	0.970
	SH2	0.976		
	SH3	0.966		

量表的效度检验包括内容效度、聚合效度和区分效度。如表 5.1 所示，本章中所有的潜变量测量都借鉴了成熟的量表，且具体用词均经过反复修改与提炼，这保证了构念的内容效度。如表 5.3 所示，所有变量的因子载荷都在 0.76 以上，均大于 0.7，这表明量表中的题项能很好地反映其表示的潜变量；所有变量的组合信度都在 0.9 以上，大于 0.7，这表明本章所采用的量表具有较好的聚合效度。如表 5.4 所示，本研究中各个潜变量的平均提取方差（AVE）的平方根均大于它与其他潜变量的相关系数，这表明本章所采用的量表具有较好的区分效度。除了自律和自我强化的相关系数大于 0.6（相关系数为 0.73），其余自变量的相关系数均小于 0.6。随后笔者进行了线性回归分析，结果显示 VIF 小于 3，这表明自律和自我强化的相关系数大于 0.6 并不是问题（Diamantopoulos，Siguaw，2006）。结果中持续打卡意愿的 R^2 值为 0.512，这表明本研究提出的因素解释了 51.2% 用户持续打卡的意愿。以上检验说明本研究的量表具有好的拟合效度。

表 5.4 潜变量的区分效度检验

潜变量	1	2	3	4	5	6	7
1. 愉悦感	0.914						
2. 自我强化	0.559	0.930					
3. 自律	0.540	0.730	0.934				
4. 经济收益	0.043	0.556	0.517	0.920			
5. 社交成本	−0.023	−0.043	0.002	0.071	0.943		
6. 执行成本	−0.026	−0.071	−0.151	0.020	0.286	0.874	
7. 分享	0.504	0.660	0.587	0.374	−0.099	−0.143	0.910

注：对角线上的数字为 AVE 的平方根，对角线下方的数字为各潜变量间的相关系数。

二、假设验证

本研究用 SmartPLS 2.0 软件，采用最小二乘法结构模型进行路径估计和参数检验，用 bootstrapping（案例数为 230，样本数为 2000）估计显著性水平，结果见表 5.5。

表 5.5 结构方程假设检验结果

假设	关系路径	标准化路径系数	T 值	结论
H1	经济收益→持续打卡意愿	0.014	0.246	不支持
H2	自我强化→持续打卡意愿	0.396***	4.578	支持
H4	帮助他人的愉悦感→持续打卡意愿	0.191**	3.276	支持
H5	自律→持续打卡意愿	0.203*	2.285	支持
H6	社交成本→持续打卡意愿	−0.098*	1.982	支持
H7	执行成本→持续打卡意愿	−0.083	1.500	不支持

*、**、*** 分别表示 $p<0.05$，$p<0.01$，$p<0.001$

（一）感知收益与持续打卡意愿

本研究提出了在朋友圈持续打卡的 4 种感知收益：经济收益、自我强化、帮助他人的愉悦感和自律。其中，自我强化是对用户持续打卡意愿影响最强的变量，其路径系数是 0.396，在 $p<0.001$ 水平上显著，H2 得到了支持。这表明用户在朋友圈打卡的主要原因之一是期望在朋友圈中展示自己的正面形象，得到他人的认可。

帮助他人的愉悦感也会正向影响持续打卡意愿，路径系数是 0.191，在 $p<0.01$ 水平上显著，H4 得到了支持。知识型产品容易数字化，通过直接发布文字便可以帮助到他人，打卡时也会体现产品、品牌或知识生产者的信息，如果这些信息对别人有用，也是对他人的一种帮助，该结果表明用户更希望打卡时发布的内容能帮助到其他人。

自律也会影响持续打卡意愿，路径系数是 0.203，在 $p<0.05$ 水平上显著，H5 得到支持。知识型产品与其他产品相比，它有一个特征是消费时需要付出大量的时间和努力，因此用户希望通过一定的机制督促自己持续学习。持续打卡能起到这样的作用。

与研究假设不一致，经济收益对持续打卡意愿的影响并不显著。经济收益的影响不显著可能是因为经济收益会增加用户对打卡事件的负面评价，如认为打卡的主要目的是营销，这种态度显著负向影响用户的打卡意愿（相关系数为 -0.156，T 值为 -2.370，在 0.05 水平上显著），从而抵消了经济收益的正向影响。本研究分析了经济奖励与打卡态度（即认为它是一种营销活动）的相关性，结果为 0.197，T 值为 2.981，在 0.01 水平上显著，这表明越觉得经济收益重要的人，越认为打卡是企业的一种营销活动。另外，也可能是因为本研究在问卷中设置的经济奖励方式（纸质版图书）的激励效果较小，从而导致经济收益的正向结果不明显；不过经济奖励与持续打卡意愿的相关系数为 0.372，在 0.001 水平上显著。

（二）感知成本与持续打卡意愿

本研究提出了两种感知成本：感知执行成本和感知社交成本，两者的路径系数分别为 -0.083 和 -0.098，但是只有感知社交成本的影响在 $p<0.05$ 水平上显著，感知执行成本的路径系数虽然为负，但是并不显著，H6 得到支持、H7未得到支持。一方面，可能用户认为本研究设计中所探究的这种打卡行为无须花费很多时间和精力；另一方面，用户在进行打卡决策时，其感知收益远远大于感知执行成本，因此感知执行成本的结果并不显著。

（三）进一步讨论

由于成就感和自律的题项未通过探索性因子分析，因此前面未探讨成就感和用户打卡意愿之间的关系。之后笔者检验了成就感和用户打卡意愿的相关性，结果显示相关系数为 0.562，T 值为 10.167，在 $p<0.001$ 水平上显著，H3 得到支持。

接着把假设中除成就感之外所有的自变量纳入线性回归模型进行分析，结果见表 5.6。经济奖励对持续打卡意愿的影响仍然不显著，但执行成本对持续打卡意愿的负影响在 0.05 水平上显著。自我强化、助人的愉悦感和自律对持续打卡意愿的正面影响依然显著。

赵等（Zhao et al., 2016）的研究发现，在线知识社区中，经济奖励会负向调节助人的愉悦感对知识分享态度的正面影响，本研究进一步讨论在打卡活动中这种影响是否也存在，因此进行了分层回归，在回归中考虑调节作用。根据艾肯和韦斯特（Aiken, West, 1991）的建议，为了减少潜在共线性的影响，在创建交互项之前，对自变量（帮助他人的愉悦感）和调节变量（经济奖励）进行了中心化。结果见表 5.7，虽然经济奖励调节帮助他人的愉悦感对打卡意愿的影响，但是该调节作用的方向为正，而非负。这表明，经济奖励不仅不会侵蚀帮助他人的愉悦感对打卡意愿的影响，还能起到积极作用。

另外，在自律对打卡意愿的影响中，经济奖励未起到调节作用。

表 5.6 线性回归模型假设检验结果

变量	标准化系数	T 值	VIF	允差
经济奖励	0.017	0.289	1.541	0.649
自我强化	0.440	5.605***	2.645	0.378
助人的愉悦感	0.172	2.874**	1.538	0.650
自律	0.164	2.184*	2.430	0.412
社交成本	−0.118	−2.319*	1.103	0.907
执行成本	−0.111	−2.160*	1.133	0.883

*、**、*** 分别表示 $p<0.05$、$p<0.01$、$p<0.001$

表 5.7 分层回归结果总结

变量	非标准化系数	标准误差	标准化系数	T 值
第一步				
帮助他人的愉悦感	0.538***	0.061	0.524	8.846
第二步				
帮助他人的愉悦感	0.454***	0.061	0.443	7.481
经济奖励	0.264***	0.057	0.273	4.620
第三步				
帮助他人的愉悦感	0.496***	0.060	0.483	8.280
经济奖励	0.299***	0.056	0.390	5.319
帮助他人的愉悦感 × 经济奖励	0.110**	0.029	0.216	3.772

注：a.*、**、*** 分别表示 $p<0.05$、$p<0.01$、$p<0.001$；

b. 第一步中，$R^2=0.299$（$p<0.001$），调整后的 $R^2=0.292$；第二步中，$R^2=0.325$（$p<0.001$），调整后的 $R^2=0.316$。

───── 本章小结 ─────

公开互动非交易型契合行为是用户高度契合的行为表现之一，对知识服务商而言价值也很高，因为它能吸引新的用户。本章利用社会交换理论、采用定量方法探究用户在社交网站公开打卡这种公开互动型非交易型契合行为。结构方程和线性回归的结果都表明，帮助他人的愉悦感、自我强化和自律正向影响用户在朋友圈中持续打卡的意愿，感知社交成本负向影响用户在朋友圈持续打卡的意愿。线性回归的结果还表明，感知执行成本负向影响用户在朋友圈中持续打卡的意愿，但是该结论在结构方程中未得到验证。无论是结构方程还是线性回归，经济奖励对用户持续打卡意愿的影响都不显著，这可能是因为本研究问卷中设计的经济奖励（纸质版图书）价值较低，也有可能是由于经济奖励导致用户对打卡产生负面态度，不过它能正向调节帮助他人的愉悦感对持续打卡意愿的影响。成就感和持续打卡意愿的相关系数显著为正。

根据以上结论，为了提高用户的持续公开打卡意愿，知识服务商可以通过打卡天数、内容、形式、选择的社交媒体等方式提升用户帮助他人的愉悦感、自律感、自我强化，减少打卡的感知社交成本。随着知识付费行业的发展，打卡活动越来越普遍，一些经济奖励（如本研究问卷中设计的纸质版图书）对用户的激励效果越来越差，随着用户付费次数的增加，知识服务商应该相应地调整其经济奖励方式。

第六章　购买自用型顾客契合行为的影响机制分析

交易型在线顾客契合行为体现为顾客购买（Pansari et al.，2017）。顾客购买是知识服务商所有营销活动的最终目的，与非交易型顾客契合相比，它需要投入金钱资源。付费围观是一种购买自用型顾客契合行为，本章利用信息觅食理论对此进行分析，探讨哪些因素会影响用户的围观行为。

第一节　理论基础及研究假设

一、问答社区的相关研究

问答社区是以提问和回答问题的形式进行知识交换的在线知识分享社区（Lou et al.，2013）。用户在社会化问答社区中搜索信息的目标包括满足好奇心、辅助决策、获得与工作或学业相关的帮助、获得与个人发展相关的知识或者技能、解决问题等（Jeon，Rieh，2015）。对免费问答社区的研究可以分为两个层面：基于内容和基于用户。内容导向的研究关注问答社区中问题的类型和回答的特点，如内容质量、问题的信息量和吸引力、回答的质量等（Neshati，

2017；Liu，Jansen，2018；Fu，Oh，2019）。例如，刘和詹森（Liu，Jansen，2018）发现带有独特文字和欣赏表情的问题得到回复的可能性更高，付和奥（Fu，Oh，2019）提出从准确性、完备性、方案可行性等方面来评价回答质量。用户导向的研究主要关注用户参与的动机、用户的信息行为等。用户参与问答社区的动机可分为个体及社会两个维度。从个体维度来看，乐于助人、知识的自我效能、自我展示都会激励用户在社会化问答社区中分享或贡献知识（Zhao et al.，2016；Guan et al.，2018）；从社会维度来看，基于认同的信任、社会反馈、社会暴露、互惠规范的压力等因素会影响用户在社会化问答社区中的知识贡献行为（Neshati，2017）。知识付费出现之后，问答社区推出了付费提问、付费围观、付费观看并可实时互动问答等产品，学者也开始研究问答社区中用户付费的影响因素（Zhao et al.，2018；齐托托 等，2021），答主的选择行为（张颖和朱庆华，2018），从免费到付费对用户态度、行为及用户 - 社区关系的影响（Kuang et al.，2019；赵宇翔 等；2019）等。

二、购买自用型顾客契合行为——付费围观的相关研究

付费围观是指用户支付低额费用查看已有付费提问的答案（孟嘉和邓小昭，2022）。作为问答社区中两种付费模式，尽管付费提问和付费围观都可以满足用户获取知识的需求，但是影响两者的影响因素不尽相同，付费围观是作为一种价格补偿机制出现的，付费围观也是用户考察答主回答质量的一种途径（李武，艾鹏亚 等，2018）。目前学者主要探讨用户产生付费围观行为的动机和影响用户围观行为的机制，见表6.1。相关学者利用信号理论、粉丝理论、信息处理双过程理论、信任理论等理论基础，识别了回答者的微博等级、粉丝量、声誉，回答的价格、评论数、赞同数、时长，提问者的求知欲、信任等影响因素。从围观者方面来看，用户围观的内在动机包括节省时间、解决问题、

增长见识和启发思考；外在动机包括付费金额、回答者态度、内容质量、付费引导性；围观者对答主的信任度和对问题的兴趣也会影响用户的围观行为（孟嘉和邓小昭，2022）。从回答者角度来看，回答者的微博等级、声誉、专业性、同质性会影响用户的围观行为（Yang，Ye，2019；张杨燚 等，2018）。从回答角度来看，回答的价格、长度、赞同数等因素会影响用户的围观行为（赵庆亮等，2019）；从提问者角度来看，提问者声誉也可能会影响用户围观。从平台来看，平台的类型、平台设计、支付的便捷性也会影响用户围观（孟嘉和邓小昭，2022）。但是一些影响因素的识别是通过质性研究识别的，还未得到定量验证，且缺乏对问题特征的深入分析。伊斯贝尔等（Isbell et al.，2005）的研究表明情感会影响人处理信息和决策的方式，但是目前缺乏情感因素对围观行为影响的研究。本章利用微博问答情境，在已有研究基础上，基于"信息气味"，引入情感变量，探讨影响围观行为的因素，并对比分析其在健康医疗、财经和互联网资讯领域中的影响，以促进提问者、回答者、围观者的互利共赢。

表 6.1　付费围观相关研究总结

文献	理论基础	识别的因素	研究方法	数据来源
（孟嘉和邓小昭，2022）	无	回答者因素、围观者因素、其他用户因素、平台因素	质性研究	半结构访谈
（Yang，Ye，2019）	信号理论	回答者的微博等级、回答的评论数，问题价格	回归方程	微博问答
（李武 等，2018）	粉丝力量	回答者粉丝量、回答价格、回答长度	回归方程	"在行一点"的问答板块
（赵庆亮 等，2019）	信息处理双过程理论、信号理论	回答者声誉、提问者声誉、回答价格、回答赞同数、回答时长、相似问题被围观量	回归方程	"在行一点"的问答板块
（张杨燚 等，2018）	感知价值、信任	感知价值、求知欲、信任、意见领袖的特征	结构方程模型	微博问答用户的问卷调查

三、信息觅食理论在本研究中的应用

信息觅食理论中假定用户根据信息源流行性、信息气味等在网络中满足信息需求。在付费围观背景下，信息源流行性即答主的受喜爱度。信息气味来源于对自然界中觅食者搜寻食物的观察；在信息搜索领域，信息气味指从临近线索获得具体信息的价值、成本和访问路径的感知（Moody，Galletta，2015），根据气味，信息寻觅者更容易了解到信息的潜在价值，进而获取到满意的信息。信息气味可以是内容的文本或视觉表征，如内容的完备性、准确性（Shi et al.，2020）、文本标签、颜色、字体等。信息觅食理论还假定用户在获取信息之前并不清楚其信息目标（Pirolli，2007），问答社区中用户的围观行为蕴含了该思想，即用户在围观之前信息目标可能并不十分明确。结合信息觅食理论中信息气味、信息源流行性等概念和付费问答社区的特点，本章识别了自变量，包括答主设置的提问价格、围观价格、感知答主受喜爱度、问题长度和问题情感倾向，其中问题情感倾向又可分为正向情感和负向情感，探讨问答社区中这些因素对围观行为的影响。

四、研究假设

（一）信息气味对围观行为的影响效应

信息产品的相关研究表明产品的价值来源于其内容（Oh et al.，2016），信号理论中也常把价格作为产品质量的信号，问答社区中，高价格有利于产生高质量回答（Harper et al.，2008）。付费提问背景下，提问价格由答主自主规定，提问价格也可能被围观者作为回答质量的线索。另外，提问价格可以作为用户感知围观价格高低的参考点，根据前景理论中参考点的论述，决策者心理的收益和损失是以认知参考点为依据的（Kahneman，Tversky，1979），当围观价

格固定时，提问价格越高，围观者的感知收益可能越高。因此本研究提出如下假设：

H1：提问价格正向影响问题的围观数。

与付费围观相比，免费围观经济成本为零，这提升了获取信息的便利性，降低了获取信息的成本。用户对知识产品感知成本的降低可以增强他们对价值的感知（方爱华 等，2018），进而增强围观意愿（张杨燊 等，2018）。因此本研究提出如下假设：

H2：与付费围观相比，可以免费围观的问题的围观数更多。

问答社区中围观的信息源是答主，受喜爱度可以反映其流行性。用户常感知受喜爱度高的内容传递者更加有能力，因此更愿意接受喜爱度高的内容传递者传播的信息（Eagly et al.，1991）。赵杨等（2018）的研究发现知识生产者的粉丝数影响知识用户的付费问答行为。在付费围观背景下，用户也可能认为受喜爱度高的答主更有能力，因而更愿意围观其回答的问题。另外，在社会化问答社区中，受喜爱度高的答主回答问题后被推送的可能性也更高，这会增加问题的曝光度。因此本研究提出如下假设：

H3：感知答主的受喜爱度正向影响问题的围观数。

社交媒体中帖子越长，其包含信息的详细度可能越高，问题的确定性也越大，有研究表明文本长度与辟谣信息的评论数和转发数存在正向关系（易明 等，2022），在线阅读社区中帖子长度正向影响回帖数（肖雪 等，2023）。因此本研究提出如下假设：

H4：问题长度正向影响问题的围观数。

根据情绪即社会信息理论，情绪通过情感反应可以影响信息接受者，当个体面对非语言情绪表达时，倾向于采用同样的方式模仿并产生与他人一致的情绪状态。在社交媒体中，大量研究表明信息的传播受信息中包含的情感因素影响（Lars et al.，2011），分享包含情感的信息可以建立情感连接，形成社会情绪。库尔斯奥（Kuhlthau，1991）认为用户的情感倾向与其信息搜寻行为密切相关，社会化问答社区中用户围观作为满足其信息需求的一种方式，也可能受情感影响。因此本研究提出如下假设：

H5a：问题包含的情感词汇数正向影响围观数。

秦芬等（2019）的研究发现对于知识型微信公众号，标题情绪越正面，知识性微信文章的总阅读数越多。人们在感受情绪时，也会根据已有认知进行推断，感受到愤怒等负面情绪时，信息接收者可能会联想到信息传递者的失控行为，进而怀疑其传递的信息的有用性（Liu et al.，2021），感知有用性又会正向影响用户获取信息的意愿。因此本研究提出如下假设：

H5b：问题体现的正面情绪正向影响围观数。

H5c：问题体现的负面情绪负向影响围观数。

（二）问题类型的调节作用

用户在社会化问答社区中分享类型丰富的信息（Kim et al.，2009），如健康医疗、经济、房产、教育、影视、游戏、美食等。社交媒体的相关研究表明，不同类型的信息对用户契合行为的影响不同（Cvijikj et al.，2013），不同主题的微博流行程度也不一样，如八卦、社会互动类的微博会比商业新闻、社会新闻类获得更多的评论和转发（Zhang et al.，2014）。营销领域常把产品分为实用型产品和享乐型产品，实用型产品能满足消费者生活必需或有助于完成任务，享乐型产品能满足消费者内在的情感需求，前者强调功能和绩效，后者强调体验和享乐（Voss et al.，2003）。参照实用型产品和享乐型产品的分类，问答社区中的问题也可以分为实用型问题和享乐型问题，实用型问题有助于用户解决生活或工作中的具体问题，强调信息价值，享乐型问题有助于满足用户的情感享受或好奇心，重视体验和情感价值，如健康医疗、经济相关的问题属于前者，而八卦娱乐、美食属于后者。对于实用型问题，用户可能更加看重信息质量路径，而对于享乐型问题，用户可能更加看重信息源路径（齐托托 等，2021；Chang et al.，2012）。因此本研究提出如下假设：

H6a：与实用价值高的问题相比，享乐价值高的问题的答主受喜爱度对围观数的正面影响更强。

用户愿意为享乐型事项和实用型事项投入的资源有差异，他们更愿意为享乐型事项投入时间，为实用型事项投入金钱（Okada，2005）。免费围观情境下，用户无须投入金钱，但需要投入时间，因此在有"3 个月后可免费围观"规定时，当用户有空余时间时，与实用型问题相比，用户更愿意围观享乐型问题，此规定的取消对享乐型问题的围观数的影响也更大。因此本研究提出如下假设：

H6b：与实用价值高的问题相比，不可免费围观对享乐价值高问题的围观数的负向影响更强。

从享乐型问题的定义可知，用户期望从享乐型问答中获得更多积极情感，而对实用型问题的功能需求高于情感需求。因此本研究提出如下假设：

H6c：与实用价值高的问题相比，享乐价值高的问题体现的正面情绪对围观数的正向影响更强。

H6d：与实用价值高的问题相比，享乐价值高的问题体现的负面情绪对围观数的负向影响更强。

与其他类型知识付费产品相比，付费问答能够为提问者提供定制信息，实用性问题能解决提问者具体的任务，但遇到相同或类似问题的用户数量可能较少，而人们的享乐情感需求和好奇心较为一致。因此本研究提出如下假设：

H6e：与实用价值高的问题相比，享乐价值高的问题的围观数更多。

第二节 研究设计

一、数据收集

为了达到研究目的，本研究从微博问答中搜集数据，实用型问题同时选择了数据量多的健康医疗和财经类领域，享乐型问题则选择了数据量最多的互联网资讯领域。通过 3 个领域的数据研究不同问题类型中各因素对围观行为的影响。健康领域的问题包括成人及儿童在身体等相关方面遇到问题后寻求的解决方法；财经领域的问题包括股票投资、房产买卖、相关经济政策咨询等；互联网资讯领域的问题既包括互联网中一些热点，也包括关于某一件事情的看法，如某明星的受欢迎性、是否应该追求以瘦为美等。健康医疗和财经类信息的实用价值更高，而互联网资讯的享乐价值更高；财经类问题比健康医疗问题的经济价值更高，信息的实效性更强，同时隐私性较低。

微博问答是新浪微博于 2016 年 12 月推出的付费问答功能，是在线问答和社交媒体平台（即微博）的融合，答主、提问者和围观者均可以在其微博中分享、评论与问答相关的信息。微博中的 V 认证用户便可开通该功能。根据微博 2022 年第一季度财报，该季度微博的月活跃用户数为 5.82 亿人。基于微博用户的广泛性，本研究选取了微博问答作为研究平台。为了获得健康医疗、财经和互联网资讯 3 个领域的数据，本研究先通过移动端微博问答中的答主类型获取 3 类问题的答主，共获得 54 名，并搜集了其粉丝数、微博发布数等信息，具体情况见表 6.2。随后在 2020 年 2 月 28 日至 2020 年 3 月 13 日期间，使用八爪鱼采集器搜集了这些答主在 2016 年 12 月 15 日（微博问答开始运营的时间）至 2020 年 3 月 21 日期间回答问题的内容、围观数、提问者及提问时间等信息。为了实现研究目的，本研究选择样本时设置了以下条件：①所有的问题都是付费提问，排除了免费提问的问题；②用户围观的行为可能具有延续性和滞后性，借鉴微博问答运营初期"问题被答主回答后 3 个月后可以免费围观"的规定，最终样本中只分析了 2020 年 1 月 1 日之前的数据；③答主和问题提问者的粉丝数等信息可以获取，最终获得 14 167 条样本，其中健康医疗类的6 245 条，财经类的 5 271 条，互联网资讯类的 2 651 条。

样本中答主的描述性统计如表 6.2 所示，从中可以看出男性答主数量（47人）明显多于女性（7 人），在互联网资讯领域尤为明显。财经类答主回答问题的最大值和均值最高，互联网资讯类答主的粉丝数均值最高，但其回答问题的均值和最大值都最低。根据答主回答问题数的标准差，财经类答主的头部效应要大于健康医疗和互联网资讯领域答主。

表 6.2　答主的描述性统计

变量		全样本	健康医疗	财经	互联网资讯
答主数 / 人		54	22	18	14
男		47	17	16	14
女		7	5	2	0
答主粉丝数 / 人	均值	2 216 015.1	1 904 713.2	1 679 679.2	3 394 778.6
	标准差	2 535 980.5	1 639 118.6	1 999 631.1	38 199.3
	最小值	17 716	17 716	20 177	239 210
	最大值	12 904 537	4 790 945	7 386 560	12 904 537
答主回答问题数 / 条	均值	262.35	283.86	292.8	189.4
	标准差	453.22	391.78	596.3	294.4
	最小值	2	4	3	2
	最大值	2 060	1 429	2 060	894

二、变量描述

（1）因变量：本研究的因变量为每个问答的围观数，由于围观数据呈右偏态分布，借鉴埃尔伯思等（Elberse et al., 2003）的做法，本研究对其进行了自然对数处理，由于部分问题的围观数为0，自然对数处理之前加了1。

（2）自变量：本研究的自变量包括提问价格、围观价格、答主受喜爱度、内容长度和内容情感。提问价格即答主规定的付费问答价格。围观价格为0或1。微博问答运营初期规定，问题被答主回答后3个月内，无论产品的原始定价（即提问价格）是多少，其他用户都能以1元价格围观，超过3个月后可以免费围观；从2018年2月1日开始，取消了3个月后即可免费围观的福利。因此在后文分析中，2018年2月1日前的问题的围观价格均设置为0，剩余问题的围观价格设置为1。

答主受喜爱度用答主的粉丝数表示，也对其进行了自然对数处理。值得说明的是本研究未使用答主回答问题数来测量答主受喜爱度的主要原因是样本为横截面数据，在样本期间内答主回答问题数相较粉丝数变化较大，可能无法很好地验证结论。内容长度通过计数获得。内容情感用中文文心系统中的情感词汇数表示，正面情感用文心系统中的正面情感词汇数表示，负面情感用文心系统中的负面情感词汇数表示。

（3）调节变量：本研究设定问题类型为调节变量，根据已有研究，将问题分为实用型问题和享乐型问题，依据问题所属领域构建虚拟变量，健康医疗、财经类问题属于实用型问题，互联网资讯类问题属于享乐型问题。

（4）控制变量：本研究设定提问者粉丝数和提问日期与首条微博付费问答的时间差（2016年12月15日）为控制变量。因为微博问答中问题可以被转发，鉴于围观收益由提问者和回答者共享，提问者转发问题的可能性很大。由此，提问者的粉丝可以直接看到问题，这增加了问题的曝光率，可能会影响围观数。互联网产品也具有生命周期，答主、提问者和围观者的行为可能会随着时间而变化，故引入提问时间与首条微博付费问答的时间差为控制变量。变量描述见表 6.3，关键变量的描述性统计见表 6.4。从表 6.4 可以看出，健康医疗类问答的围观数均值最小，财经类问答的围观数次之，互联网资讯类围观数的均值和最大值均最大，这与 H6e 相一致；比较"3 个月后可免费围观"规定实施前后的围观数发现，取消免费围观之后，仅互联网资讯类的围观数均值下降，其余两类的围观数均值不降反升，这体现了对于实用价值较高的数据，"3 个月后可免费围观"对用户围观的吸引力并不大。

表 6.3　变量描述

变量类型	变量名称	变量含义	变量说明
因变量	viewershipi	第 i 条问题的围观数	直接爬取，加 1 后进行自然对数转换
自变量	pricei	第 i 条问题的提问价格	直接爬取，进行自然对数转换
	viewpricei	第 i 条问题的围观价格	直接爬取
	answerfansi	第 i 条问题的答主的受喜爱度	用答主的粉丝数表示，直接爬取，进行自然对数转换
	contenti	第 i 条问题内容长度	计算问题字数，进行自然对数转换
	affecti	第 i 条问题包含的情感词数	通过中文文心系统计算
	posemoi	第 i 条问题包含的正向情感词数	通过中文文心系统计算
	negemoi	第 i 条问题包含的负向情感词数	通过中文文心系统计算
调节变量	answertypei	第 i 条问题的类型	虚拟变量，实用价值高的问题取值为 0，享乐价值高的问题取值为 1
控制变量	askerfansi	第 i 条问题的提问者的粉丝数	用提问者的粉丝数表示，直接爬取，进行自然对数转换
	ti	第 i 条问题提问时间	用提问日期与首条微博付费问答的时间差表示，进行自然对数转换

表 6.4 关键变量的描述性统计

变量		全样本	健康医疗	财经	互联网资讯
围观数 （仅付费围观）	均值	524.10	234.79	460.71	1 113.77
	标准差	1 128.02	531.28	574.43	1 929.03
	最大值	19 271	5 098	4 767	19 271
	最小值	0	0	0	0
	样本数量	6 117	2 663	1 939	1 515
围观数 （可免费围观）	均值	431.72	225.46	359.80	1 293.03
	标准差	1 003.87	563.79	454.95	2 155.07
	最大值	17 481	9 085	7 957	17 481
	最小值	0	0	0	0
	样本数量	8 050	3 582	3 332	1 136
围观数 （全样本）	均值	471.61	229.4	396.9	1 190.6
	标准差	1 060.21	550.1	504.5	2 030.5
	最大值	19 271	9 085	7 957	19 271
	最小值	0	0	0	0
提问价格	均值	151.05	87.1	132.5	338.5
	标准差	303.5	77.3	75.0	649.4
提问价格	最大值	5 000	698	999	5 000
	最小值	1	9	1	0
内容长度	均值	61.4	61.9	63.1	57.0
	标准差	26.3	28.7	24.3	23.6
	最大值	95	95	95	95
	最小值	1	1	2	1
情感词	均值	0.036	0.033	0.036	0.042
	标准差	0.043	0.045	0.039	0.041
	最大值	0.5	0.5	0.5	0.5
	最小值	0	0	0	0
正面情感词	均值	0.017	0.012	0.021	0.019
	标准差	0.029	0.026	0.031	0.028
	最大值	0.5	0.5	0.5	0.333
	最小值	0	0	0	0

变量		全样本	健康医疗	财经	互联网资讯
负面情感词	均值	0.010	0.012	0.008	0.012
	标准差	0.026	0.032	0.018	0.022
	最大值	0.5	0.5	0.5	0.2
	最小值	0	0	0	0
样本数量/条		14 167	6 245	5 271	2 651

三、模型设定

本研究为横截面数据，容易存在异方差，首先进行了异方差检验。根据怀特特检，$p=0.000$，即样本数据存在异方差，因此使用广义线性回归（GLS）来验证假设。首先构建模型（1）验证情感词汇数对围观数的影响，其次构建模型（2）探讨正向情感和负向情感对围观数的影响，最后构建模型（3）验证问题类型的调节效应。模型设定如下：

$$\text{LnViewership}_i = \alpha_0 + \alpha_1 \text{Lnprice}_i + \alpha_2 \text{Viewprice}_i + \alpha_3 \text{Lnanswerfans}_i +$$
$$\alpha_4 \text{Lncontent}_i + \alpha_5 \text{affect}_i + \alpha_6 \text{Lnaskerfans}_i + \alpha_7 \text{Lnt}_i + \varepsilon_i \tag{6.1}$$

$$\text{LnViewership}_i = \beta_0 + \beta_1 \text{Lnprice}_i + \beta_2 \text{Viewprice}_i + \beta_3 \text{Lnanswerfans}_i +$$
$$\beta_4 \text{Lncontent}_i + \beta_5 \text{posemo}_i + \beta_6 \text{negemo}_i + \beta_7 \text{Lnanswerfans}_i + \beta_8 \text{Lnt}_i + \delta_i \tag{6.2}$$

$$\text{LnViewership}_i = \tau_0 + \tau_1 \text{Lnprice}_i + \tau_2 \text{Viewprice}_i + \tau_3 \text{Lnanswerfans}_i +$$
$$\tau_4 \text{Lncontent}_i + \tau_5 \text{posemo}_i + \tau_6 \text{negemo}_i + \tau_7 \text{Lnanswerfans}_i + \tau_8 \text{Lnt}_i +$$
$$\text{negemo}_i + \tau_{12} \text{answertype}_i * \text{negemo}_i + u_i \tag{6.3}$$

第三节　数据分析和结果

如表 6.4 和图 6.1 所示，微博问答中问题围观数的平均值为 471.61，标准差为 1 060.21，满足长尾分布。这表明大多数问题得到的围观较少，只有少量的问题得到大量围观。

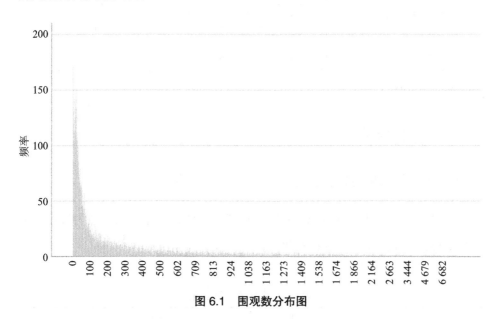

图 6.1　围观数分布图

一、相关性分析

在进行回归分析前，本研究先对主要变量进行了 Pearson 相关性分析，见表 6.5，所有变量与围观数的相关系数均显著为正，初步验证了 H1、H3、H4、H5a。其他各主要变量间的相关系数均小于 0.5，这表明不存在明显的多重共线性问题。

表 6.5　关键变量的 Pearson 相关系数矩阵

变量	围观数	提问价格	答主受喜爱度	内容长度	情感
围观数	1				
提问价格	0.748**	1			

续表

变量	围观数	提问价格	答主受喜爱度	内容长度	情感
答主受喜爱度	0.075**	0.024**	1		
内容长度	0.004	0.025**	0.066**	1	
情感	0.030**	0.038**	0.066**	−0.049**	1

** *p*<0.01，* *p*<0.05

二、假设检验分析

（一）全样本假设检验分析

GLS 估计结果见表 6.6。（1）列为模型 1 的估计结果，（2）列为模型 2 的估计结果，（3）列为模型 3 的结果。

表 6.6　全样本估计结果

模型变量		全样本		
		（1）	（2）	（3）
自变量	提问价格	0.823*** （57.66）	0.822*** （57.57）	0.835*** （60.14）
	围观价格	0.605*** （13.83）	0.604*** （13.83）	0.367*** （8.29）
自变量	答主受喜爱度	0.157*** （11.07）	0.156*** （11.00）	0.0115 （0.78）
	内容长度	0.239*** （12.34）	0.237*** （12.25）	0.232*** （12.2）
	情感	0.293 （0.99）	—	—
	正向情感	—	0.49 （1.11）	0.489 （1.03）
	负向情感	—	−1.14** （−2.36）	−1.86*** （−3.7）

续表

模型变量		全样本		
		（1）	（2）	（3）
调节变量	问题类型 × 答主受喜爱度	—	—	0.053*** （14.18）
	问题类型 × 围观价格	—	—	0.397*** （6.36）
	问题类型 × 正向情感	—	—	−0.677 （−0.61）
	问题类型 × 负向情感	—	—	1.13 （0.82）
控制变量	提问者粉丝数	0.154*** （25.06）	0.154*** （25.02）	0.142*** （23.67）
	提问时间	−0.047** （−2.08）	−0.047** （−2.08）	−0.065** （−3.00）
	常数项	−2.84*** （−12.00）	−2.80*** （−2.80）	−0.738** （−3.07）
N		14 167		

*、**、*** 分别表示 $p<0.05$、$p<0.01$、$p<0.001$

    表 6.6 的第（1）列表明，在全样本中，提问价格（$\alpha_1=0.823$，$p<0.001$）、答主受喜爱度（$\alpha_3=0.157$，$p<0.001$）、内容长度（$\alpha_4=0.239$，$p<0.001$）均正向影响围观数，这与 H1、H3、H4 相一致。围观价格正向影响围观数（$\alpha_5=0.605$，$p<0.001$），这与 H2 正好相反，这可能由以下几方面原因造成：①信息具有时间价值，样本中问题在被回答 3 个月后才可以免费围观，此时围观回答可能没有价值，因此即使围观免费，围观者也可能倾向于不围观；②围观价格的变化由微博平台取消"3 个月后免费围观"规定导致，此规定的发布于微博问答运营一年多之后，部分用户的围观习惯已经养成，这减弱了围观价格的影响；③样本中的围观价格仅为 1 元，用户对此成本不敏感，未来可以通过其他样本

或者研究方法进一步验证。问题中包含的情感词汇数对围观行为的正向影响并不显著（α_5=0.293，p>0.1），H5a 未得到验证，这可能是因为不同类型问题的影响差异较大，因此后文对各领域的子样本进行了进一步验证。控制变量提问者粉丝数正向影响围观数，提问时间负向影响围观数，这与用户使用社交媒体、社会化阅读 App 等产品时会产生倦怠（孙挺和夏立新，2021；张艳丰 等，2020）的现象相一致。

表 6.6 的第（2）列把情感具体分为了正向情感和负向情感，从该列中可以看出，除情感相关变量之外其他变量对围观数的影响都未发生改变，正向情感对围观数的正向影响不显著（β_5=0.49，p>0.1），负向情感对围观数的负向影响显著（β_6=-1.14，p<0.05），H5c 得到验证，H5b 未得到验证。后文对各领域子样本进行分析以进一步厘清情感极性对围观数的影响。

表 6.6 的第（3）列加入调节变量，结果发现答主受喜爱度对围观数的正向影响不显著了（τ_3=0.0115，p>0.01），H3 受到质疑，其他变量的系数符号及显著性未发生改变。问题类型与答主喜爱度交互项的回归系数是 0.053，p<0.001，意味着与实用型问题相比，享乐型问题的答主受喜爱度对围观数的正向影响更大，H6a 得到验证；问题类型与围观价格交互项的回归系数是 0.397，p<0.001，这意味着与实用型问题相比，享乐型问题的围观价格对围观数的影响更大，但结合 τ_2=0.367，p<0.001，该影响为正，H6b 未得到完全验证；问题类型与正向情感和负向情感的交互项系数分别为 -0.677 和 1.13，但 p>0.1，这表明正向情感和负向情感对围观数的影响在实用型问题和享乐型问题之间不存在显著差异，拒绝 H6c，H6d 假设。

为了验证 H6e，本研究首先把样本分为实用型问题和享乐型问题，并进行 T 检验，结果显示实用型问题的围观数显著低于享乐型问题；随后又把样本分为健康医疗、财经、互联网资讯三类进行单因素方差分析，结果表明 p<0.05，三组的均值不相同，结合表 6.4 中三组的均值可知享乐型问题的围观数高于实用型问题，H6e 得到验证。

（二）子样本假设检验分析

为了研究问题类型在围观行为中的具体差异，本研究对健康医疗、财经、互联网资讯三个领域的子样本分别进行了回归分析。互联网资讯领域问题的享乐价值较高；健康医疗和财经类问题的实用价值较高；财经类问题比健康医疗类问题的定制化程度低，时效性强，且其可能产生的经济效益可能远大于健康医疗类。

如表 6.7 所示，三个领域中财经领域的答主受喜爱度对围观数的正向影响最大，互联网资讯领域次之，健康医疗领域的系数为负（$\alpha_{3财经}=0.71$，$p<0.001$，$\alpha_{3互联网}=0.09$，$p<0.05$，$\alpha_{3健康医疗}=-0.216$，$p<0.001$）。这可能是由于财经类问答在经济方面的重要性高，用户更加重视财经答主的专业性和受信任程度，且用户对相关问题关注的连续性高于健康医疗领域，因此对于这类实用价值和经济价值高的问题，答主受喜爱度对围观数的正向影响强于享乐价值高的问题。全样本已表明围观价格对围观数的影响为正而非负，从子样本来看，享乐价值高的问题围观价格的正向影响反而更大（$\alpha_{2互联网}=0.542$，$p<0.001$，$\alpha_{2健康医疗}=0.478$，$p<0.001$，$\alpha_{2财经}=0.120$，$p<0.1$）。这可能是由于互联网领域的样本中，有取消"3 个月后可免费围观"后才加入的知名答主，这些答主的受喜爱度明显提升了用户的围观意愿。各领域情感对围观数的影响各不相同，在健康医疗领域，正向情感正向影响围观数（$\beta_5=4.08$，$p<0.001$）、负向情感负向影响围观数（$\beta_6=-1.67$，$p<0.05$）；在财经领域，正向情感负向影响围观数（$\beta_5=-4.86$，$p<0.001$），负向情感对围观数的影响系数为正但不显著（$\beta_6=0.177$，$p>0.1$）；在互联网资讯领域，正负向情感对围观数的影响都不显著（$\beta_5=-0.054$，$p>0.1$，$\beta_6=-1.39$，$p>0.1$），H6c、H6d 都未得到验证。估计结果还显示，从提问价格对围观数的正向影响来看，健康医疗领域的影响最大，互联网资讯类的次之，财经类的影响最小（$\alpha_{1健康医疗}=1.06$，$p<0.001$，$\alpha_{1互联网}=1.02$，$p<0.001$，$\alpha_{1财经}=0.175$，$p<0.001$）。财经类提问时间的效应为正（$\alpha_7=0.208$，$p<0.001$），这可能是由于

用户对财经类问题持续关注，而非一时兴起，且随着微博问答运营时间的增长，答主更加了解如何满足提问者和围观者的信息需求，围观者随着围观次数增多，也更了解如何通过低价围观获得高价值信息，因此用户更愿意围观。

表6.7　子样本估计结果

模型变量		健康医疗		财经		互联网资讯	
		（1）	（2）	（1）	（2）	（1）	（2）
自变量	提问价格	1.060***	1.05***	0.175***	0.174***	1.020***	1.020***
		（39.43）	（38.96）	（6.48）	（6.48）	（64.11）	（64.11）
	围观价格	0.478***	0.477***	0.120	0.121*	0.542***	0.542***
		（7.99）	（8.01）	（1.64）	（1.66）	（6.41）	（6.41）
	答主受喜爱度	−0.216***	−0.215***	0.710***	0.705***	0.090**	0.088**
		（−9.97）	（−9.91）	（19.81）	（19.71）	（3.10）	（3.02）
	内容长度	0.224***	0.217***	0.349***	0.332***	0.094**	0.095**
		（8.91）	（8.68）	（9.80）	（9.33）	（2.60）	（2.63）
	情感	1.090**	—	−2.650***	—	−0.518	—
		（2.72）		（−5.29）		（−1.09）	
	正向情感	—	4.080***	—	−4.860***	—	−0.054
			（5.78）		（−7.72）		（−0.08）
	负向情感	—	−1.670**	—	0.177	—	−1.390
			（−2.98）		（0.17）		（−1.56）
控制变量	提问者粉丝数	0.060***	0.058***	0.240***	0.237***	0.003	0.002
		（6.19）	（6.02）	（25.40）	（25.10）	（0.26）	（0.21）
	提问时间	−0.280***	−0.280***	0.208***	0.211***	0.016	0.019
		（−9.65）	（−9.54）	（5.46）	（5.58）	（0.41）	（0.48）
	常数项	2.700***	2.740***	−9.47***	−9.32***	−1.020*	−1.010*
		（8.43）	（8.58）	（−16.98）	（−16.76）	（−1.88）	（−1.86）
N		6 245		5 271		2 651	

*、**、*** 分别表示 $p<0.05$、$p<0.01$、$p<0.001$

本章小结

本章基于信息觅食理论，引入情感因素、不同领域对付费问答社区中的围观行为进行研究，通过微博问答中的问题、答主信息和提问者信息，构建了 GLS 模型，对前述假设验证的相关结论见表 6.8。研究结果表明提问价格正向影响围观数，这与以往研究结论相一致；问题长度正向影响围观数，李武等（2019）和赵庆亮等（2019）对回答长度或者时长的研究也得出相同的结论；围观价格对围观数并未呈现负影响，这可能与本研究中样本的围观价格较低有关，样本中用户对于 1 元的围观价格并不敏感；在答主受喜爱度方面，杨等（Yang et al.，2019）发现答主的受喜爱度对围观数的影响并不显著，但本研究发现财经和互联网资讯两个领域中答主的受喜爱度正向影响围观数，但健康医疗领域中答主的受喜爱度负向影响围观数，这可能说明在社交媒体上人们对健康医疗领域信息的关注不如对财经和互联网资讯类持续；在情感影响方面，不同领域的差异较大，正向情感在健康医疗领域正向影响围观数，在财经领域负向影响围观数；负向情感仅在健康医疗领域负向影响围观数，在互联网资讯领域，正负向情感的影响均不显著；享乐型问题的围观数均值高于实用性问题。

表 6.8 研究结论总结

假设	描述	结果
H1	提问价格→围观数（＋）	成立
H2	围观价格→围观数（－）	不成立
H3	答主的受喜爱度→围观数（＋）	部分成立
H4	问题长度→围观数（＋）	成立
H5a	问题包含的情感词汇数→围观数（＋）	部分成立
H5b	正向情感→围观数（＋）	部分成立
H5c	负向情感→围观数（－）	部分成立

假设	描述	结果
H6a	与实用价值高的问题相比，享乐价值高的问题的答主的受喜爱度对围观数的正面影响更强	部分成立
H6b	与实用价值高的问题相比，不可免费围观对享乐价值高问题的围观数的负向影响更强	不成立
H6c	与实用价值高的问题相比，享乐价值高的问题体现的正面情绪对围观数的正向影响更强	不成立
H6d	与实用价值高的问题相比，享乐价值高的问题体现的负面情绪对围观数的负向影响更强	不成立
H6e	与实用价值高的问题相比，享乐价值高的问题的围观数更多	成立

付费问答诞生于知识付费发展的风口，是为内容服务平台和知识盈余者直接带来收益、维系平台持续运营和繁荣的一种方式，但是随着用户热情褪去，不同领域的答主要采用合适的策略以维持自身对提问者和围观者的吸引力。对于财经类和互联网资讯类的答主，可以致力于提升微博粉丝数以增加围观数，但是对于医疗健康类答主，可能无须在增加粉丝数方面投入过多；为了知识付费模式的长久运营，答主要不断地提升其专业度和回答的价值。提问者在提问题时，除了满足自身信息需求外，为了获得更多用户围观、弥补提问成本，应尽可能详细描述问题。仅从获得用户围观来看，健康医疗领域的围观用户可能更期望从问答中获得情感支持或更可能规避负向情感的信息，因此建议提问者可以增加积极情绪，减少负面情绪；财经类问题中积极词汇数负向影响围观数，描述问题时可以减少积极词汇数的使用。

本章存在以下局限性：首先，仅采用了横截面数据，答主的粉丝数、提问者的粉丝数会不断变化，且在线社区中用户围观可能存在从众效应，建议未来的研究采用面板数据，以天或周为单位对围观行为进行追踪统计；其次，本研究只选择了健康、财经和互联网资讯三个领域，未来可以选择更多领域，进一步探讨用户对实用型问题和享乐型问题围观行为的差异，进一步验证本研究中的结论；再次，本研究中的样本未能有效验证围观价格的影响，未来可以设置不同的围观价格进一步验证其影响；最后，本研究使用微博问答中的客观数据来验证研究假设，未来可以利用问卷、实验等方法结合用户的特征等进一步验证用户的心理因素。

第七章 非交易型顾客契合对购买赠送型顾客契合行为的影响机制分析

顾客购买产品之后可以自用，也可以赠送给他人使用，后一种购买行为不仅投入了金钱，还投入了社交网络资源，其体现的顾客契合程度比个人非交易型、互动非交易型和购买自用型的更高。前面四章从内容和顾客角度探讨了用户执行非交易型顾客契合行为和购买自用型顾客契合行为的影响因素，本章将分析非交易型顾客契合如何影响赠送这种交易型顾客契合行为。

第一节 理论基础及研究假设

一、购买赠送型在线顾客契合行为——赠送

向好友赠送互联网知识型产品是知识服务商推出的一项服务，也是知识服务商获得收入的一种方式。以往研究中的付费订阅、付费问答、付费围观等知识付费是用户购买后自己使用；赠送是用户购买后送给他人使用，一方面，购买者投入了金钱资源，对知识服务商具有直接的经济价值，另一方面，互联网知识型产品或服务完全以数字形式提供，接收者收到赠送的产品后需要进入知

识服务商的平台消费产品或服务，这又为知识服务商带来了新用户，因此赠送体现了顾客很高的契合程度，对知识服务商有很高的价值。

从页面设计来看，赠送的图标常采用包装好的礼品盒，它与购买、免费试听等功能处于同一层次。赠送互联网知识型产品的过程一般如下：用户选择要赠送的产品之后，点击赠送好友、选择份数、支付、通过微信等社交网站分享产品链接。随后收到链接者在有效期内点击链接，输入手机号，便可在知识服务商平台上领取和使用知识型产品。与在线商城（如 Apple 商店）中的赠送数字化礼物相比，赠送互联网知识型产品存在以下特点：第一，赠送互联网知识型产品是通过社交网站，而非电子邮箱，这需要发送者和接收者在共同的社交网络中，且赠送过程更简单；第二，在线商城中赠送礼品时，往往是先输入礼品接受者的电子邮箱，再支付，这表明购买之前，就确定了礼品接收者，而赠送知识型产品是购买之后，通过分享链接确定赠送对象；第三，使用知识型产品能提升自我。以上特点使得赠送互联网知识型产品与以往礼物赠送的研究相比有差异。

二、与礼物赠送相关的研究

知识服务商平台上，赠送功能的图标是礼品盒，且赠送礼品情境中，产品的购买者和使用者也相分离，这与本研究探讨的赠送这一交易型顾客契合行为相一致，因此本部分回顾礼物赠送的相关文献以为本研究提供有力支撑。

赠送礼物指在没有已知回报的情况下，个体自愿将物品给予另一方的行为（Klamer，2003），它是维系关系和社会交互的社会活动。随着电子商务网站和社交媒体功能的增加，越来越多的平台推出了赠送礼物服务，消费社区中的礼物赠送涉及价值创造、分享、商品交换等多种含义（Corciolani，Dalli，2014）。通过互联网赠送的礼物既包括实体礼物，如淘宝网可以赠送实体产

品、书籍消费社区 Bookcrossing.com 的成员之间可以相互赠送书（Corciolani,
Dalli, 2014），也包括数字礼物和努力礼物。数字礼物指在互联网中以数字形
式交换的无形的、不受实体约束的数字物品（Kwon et al., 2017），如 QQ 好友
之间互送电子蛋糕、支付宝好友送字、直播平台中向主播送礼物（Wan et al.,
2017）。努力礼物指赠送者通过努力、技术或知识创建的礼物（Pearson,
2007），如发表意见、建议（Lampel et al., 2007）。近年来学者对各类在线礼
物和数字礼物的研究也越来越多，礼物赠送者和接收者对礼物的距离不同，这
使得赠送者更看重礼物的核心特点（如软件的功能），但是接收者更看重礼物
易用、便利等非核心特点，如软件的易用性（Baskin et al., 2014）。社交媒体
中的礼物交换往往由社会情绪驱动（Chakrabarti et al., 2012），社交网站礼物
与电子商务网站的礼物相比，更便利且能及时送达，但是可能会让礼物接收者
产生不近人情的感觉（Kim et al., 2018）。数字礼物不便于展示，且缺少拆礼
物等环节，这削弱了礼物接收者的体验（Kwon et al., 2017）。

　　以往研究总结了个体赠送礼物的四类动机：社交动机、享乐动机、象征性
动机和规范性动机（Wolfinbarger et al., 1993；Kim et al., 2018）。社交动机指
赠送者为了与接收者建立或者维持社交关系而赠送礼物，赠送者赠送礼物时会
考虑接收者收到礼物的反应，接收者满意是赠送礼物的基本目标之一。享乐动
机指为了获得赠送礼物引起的情感和快乐而送礼（Wolfinbarger et al., 1993）。
象征性动机指用户赠送礼物是为了传递象征性信息，如不同的花表示不同的花
语。规范性动机指用户为了遵循社会规范赠送礼物，社会规范包括互惠和惯例
（Kim et al., 2018），如情人节送花，惯例通常也与互惠相关（Goodwin et al.,
1990）。社交和象征性动机属于功利型动机，享乐和互惠动机属于非功利型动
机（Kwon et al., 2017）。

三、感知价值理论在本研究中的应用

感知价值指用户基于感知付出和回报，对产品或者服务效用的总体评价（Zeithaml，1988），它对用户购买移动服务（Hsiao，Chen，2016）、互联网知识（刘征驰 等，2018）等行为决策至关重要。学者一般认为感知价值包含多个维度，斯威尼和苏塔（Sweeney，Soutar，2001）把感知价值分为质量/绩效价值、经济价值（如价格）、情感价值和社交价值四类，前两者属于功能价值（Su et al.，2018），它们显著影响用户行为。赠送知识型产品的行为包括购买和赠送两个阶段，赠送属于知识服务商推出的一种服务，由于感知价值可以预测消费者购买和采纳服务的行为，因此本部分用感知价值理论来理解非交易型顾客契合对用户赠送意愿的影响。

结合前文中用户赠送礼物的动机和互联网知识型产品的特点，本部分认为赠送互联网知识型产品的感知价值包括绩效价值、经济价值、情感价值、社交价值和互惠价值。绩效价值指来源于产品感知质量和预期性能的效用，互联网知识型产品的价值主张之一是以合理的形式满足用户的知识需求（严建援 等，2019），本研究认为知识价值是一种绩效价值。经济价值指产品通过降低短期或者长期成本而获取的效用，知识服务商试图让知识需求者以较低的价格获取优质的知识，本研究认为互联网知识型产品价格公平是一种经济价值。情感价值指从产品产生的情感或情绪中获得的效用，赠送礼物可以给赠送者带来积极情绪（Kim et al.，2018），本研究认为赠送知识型产品的愉悦感属于情感价值。社交价值指从产品加强社会自我概念中获得的效用，互联网知识型产品的赠送过程需要通过社交网站，这表明礼物赠送者和接收者之间的关系较为紧密，用户与关系亲密者沟通的主要动机是维持已有的社交关系，而与陌生人沟通的主要动机是形成社交关系（Chen，2017），本研究认为关系支持属于社交价值。赠送知识型产品的用户未来也可能收到接收者赠送的其他与知识相关的礼物，本研究把这作为一种互惠价值。本部分未考虑赠送互联网知识型产品的

象征价值，主要基于以下几点：第一，知识型产品不似花等礼物有特定的象征意义；第二，礼物通过互联网直接传递时，缺少接收者拆礼物等有仪式感的环节（Mamonov et al.，2017）；第三，互联网知识型产品以数字化形式呈现，不方便接收者向他人展示，这些都削弱了赠送互联网知识型产品的象征意义。本章提出的概念模型如图 7.1 所示。

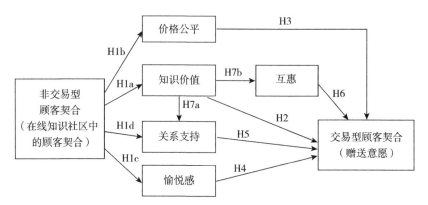

图 7.1　非交易型顾客契合对赠送意愿影响的概念模型

四、研究假设

（一）非交易型顾客契合对感知价值的影响

参与知识生产者或知识服务商提供的在线知识社区是典型的非交易型顾客契合行为。用户使用知识社区和知识产品的主要动机之一是获取有用的高质量信息（Yan，Jian，2017），感知信息有用性驱使用户使用在线内容服务。知识服务商或者知识生产者通过在线知识社区积累自己的知识信用，形成能有效筛选优质信息或者知识渊博的形象，这相当于树立品牌。在线知识社区中顾客契合的本质是知识消费者与知识服务商、知识生产者及其生成信息的交互，用户越契合，用户感知的品牌价值越高（France et al.，2016），这种作用也可能存在于知识付费背景下，即用户越契合于在线知识社区，用户感知价值越高。用户对移动应用程序的行为契合正向影响其感知功能价值、社交价值、情感价值和认知价值（Dovalience et al.，2015）。知识价值和感知价格公平属于功能价值，感知关系支持属于社交价值，愉悦感属于情感价值。契合的用户可能会感知互联网知识型产品的知识价值高、价格公平，乐于消费和使用这类产品，并且推测对别人的价值也高，赠送价值高的物品有利于维系社交关系。据此，本部分提出以下假设：

H1a：在线知识社区中的顾客契合正向影响感知知识价值。

H1b：在线知识社区中的顾客契合正向影响感知价格公平。

H1c：在线知识社区中的顾客契合正向影响感知愉悦感。

H1d：在线知识社区中的顾客契合正向影响感知关系支持。

（二）感知价值对交易型顾客契合行为（赠送）的影响

知识价值指赠送者预期互联网知识型产品有助于满足接收者知识需求的程度。为了获取信息和知识，用户购买互联网知识（李武 等，2018b）；虚拟社区中，信息质量越高，用户的分享意愿越强（常亚平 等，2014）。用户在赠送物品时会着重考虑产品的核心特点和其对接收者的有用性（Baskin et al.，2014），高价值的互联网知识产品有助于接收者获取高质量信息，促进其提升自我。据此，本章提出以下假设：

H2：感知知识价值正向影响赠送互联网知识型产品的意愿。

价格公平指赠送者感知互联网知识型产品的价格是否合理。价格是用户购买知识型产品或服务的前置因素之一（Cai et al.，2018），它还会影响用户对在线知识付费的信任（Su et al.，2018）。用户评价价格效用时，不仅会考虑其绝对值，还会与参考价值相比较（Thaler，1985），感知价格公平促进用户购买（Grewal et al.，2004）。知识型产品类型丰富，用户会比较互联网知识型产品和其他形式产品的价格，感知互联网知识型产品价格公平会促进用户付费；用户可以赠送的在线物品形式也很多样，用户会比较知识型产品与其他物品的价格，感知知识型产品的价格公平会促进赠送者选择其作为礼物。据此，本部分提出以下假设：

H3：感知价格公平正向影响赠送互联网知识型产品的意愿。

愉悦感指赠送互联网知识型产品给赠送者带来的愉悦和满足程度。愉悦等积极情绪正向影响用户采纳社交媒体服务（Lee et al.，2019）、购买在线产品（Gupta et al.，2010），用户赠送礼物的主要动机之一是享乐（Wolfinbarger et al.，1993）。据此，本部分提出以下假设：

H4：愉悦感正向影响赠送互联网知识型产品的意愿。

关系支持指赠送者感知赠送互联网知识产品有助于形成、维持和促进人际关系的能力，维持社交关系是人们赠送礼物的主要动机之一（Kim et al.，2018）。赠送行为首先直接增加了赠送者和接收者之间的交互，其次，赠送者和接收者还可以针对知识型产品中涉及的信息进行交流，交流的过程也有助于维持人际关系。据此，本部分提出以下假设：

H5：关系支持正向影响赠送互联网知识型产品的意愿。

互惠指赠送者相信现在赠送互联网知识型产品，未来会收到接收者的礼物或者回馈。礼物赠送者期望未来收到接受者的回馈（Giesler，2006），这种回馈可以是礼物或者其他。赠送互联网知识型产品相当于赠送者向接收者分享经过筛选后的互联网信息，一方面，接收者未来可能也会分享与赠送者高度相关的优质信息，另一方面，接收者获取知识后可能获得能力提升，作为有社会联系的赠送者和接收者，这种能力提升也是一种对赠送者的回馈。据此，本部分提出以下假设：

H6：互惠正向影响赠送互联网知识型产品的意愿。

（三）感知知识价值对其他类型感知价值的影响

知识价值高表明互联网知识型产品能满足接收者的知识需求，即能为接收者提供更多优质信息，这为赠送者和接收者相互交流提供了契机和资源，交流有助于维持社交关系。接收者获取到有用知识后，有助于提升自我技能。人们之间具有互惠性，在线问答社区中，积极回答他人问题的用户提出的问题，更容易获得解答（Rheingold，2000）。接收者自我提升越高，出于互惠心理，未来越可能向赠送者提供正面反馈。据此，本部分提出以下假设：

H7a：感知知识价值正向影响关系支持。

H7b：感知知识价值正向影响互惠。

第二节　研究设计

一、问卷设计

（一）问卷背景

为了验证提出的概念模型和假设，本章使用问卷调查的方法。在问卷开始，科研团队让受访者选择他们常使用的知识服务平台，并向受访者解释在线知识社区的定义，使用过知识服务平台并且了解在线知识社区的用户回答才能回答问卷。接着用户填写了在线知识社区中顾客契合的题项，随后详细描述了赠送互联网知识型产品的情境："想象您常使用的知识服务平台 X 提供了购买在线知识产品（如课程、讲座）赠送给好友的服务，产品价格为 99~199 元。试用产品后，如果您对产品满意，可以点击图标，付费之后，通过社交网站向好友分享链接。好友在有效期内点击链接，便可领取在线知识产品，免费学习。"随后基于此情境以及使用知识服务平台和在线知识社区的体验，回答与感知价值和赠送意愿相关的题项，测量项目使用李克特七级量表，1 表示非常不同意，7 表示非常同意。

（二）量表设计

为了保证量表的信度和效度，量表的题项尽可能基于已有研究中相关构念，结合本章的研究情境，与相关学者讨论、修改用词，形成了问卷中正式使用的量表，如表 7.1 所示。另外还测量了用户的性别、年龄、学历、家庭月收入等人口统计变量。为了考察调研对象的注意力，问卷中设置了填写指定答案的题项。

表 7.1　问卷题项和参考文献

变量	问卷题项	参考文献
在线知识社区中的顾客契合	我会阅读该在线知识社区中的信息，以便获取知识。 我会与该在线知识社区中的信息交互（如点赞、分享）。 我会在该在线知识社区中生成内容（如发表评论、提问、做笔记）。	（Gummerus et al.，2012；Shen et al.，2019）
知识价值	X 出售的互联网知识产品提供了我需要的相关知识。 X 出售的互联网知识产品以适当的形式（如适当的文字、图片、音频、摘要、生动的示例）呈现知识。 X 平台上的付费知识提供了我所需的精准信息。	（Su et al.，2018）
价格公平	X 出售的互联网知识产品价格合理。 X 的互联网知识产品价格公平。 X 的互联网知识产品价格是可以接受的。	（Lee et al.，2020）
愉悦感	赠送互联网知识产品令我很开心。 我喜欢赠送互联网知识产品。 赠送互联网知识产品令我很满意。	（Kim et al.，2018）
关系支持	赠送互联网知识产品帮助我结交朋友。 赠送互联网知识产品可以增强我与接受者的关系。 赠送互联网知识产品使我能够与接收者建立更好的个人联系。 赠送互联网知识产品使我与接收者建立了更紧密的关系。	（Kim et al.，2018）
互惠	我相信，如果我赠送互联网知识产品，我会得到某种回报。 当我赠送互联网知识产品时，我希望将来能得到回报。 我相信赠送互联网知识产品，未来会以某种方式得到回报。	（Kim et al.，2018）
赠送意愿	我很可能会考虑购买互联网知识产品送给他人。 我非常愿意购买互联网知识产品送给他人。 我购买互联网知识产品送给他人的可能性很高。	（Lee et al.，2020）

二、数据收集

2019 年 12 月，笔者通过高校的全日制学生、工程管理在职硕士生及其社交网络收集数据，回答者给予 2 元红包奖励，总共得到了 284 份问卷，除去未使用过知识服务平台和在线知识社区、回答问题时间短于 120 秒、未通过注意力测试的问卷，最终获得 219 份有效问卷，有效率为 77.1%。本次调研样本的人口学特征见表 7.2，可见女性人数明显多于男性，40 岁以下的人占比近90%。采用偏最小二乘法结构模型（PLS）分析人口学特征对因变量的影响，结果发现性别、年龄、学历、家庭收入对赠送意愿影响的系数分别为 −0.017、−0.018、0.01、−0.066，但是 p 值均大于 0.1，即这些特征对用户赠送互联网知识型产品意愿的影响均不显著。

表 7.2　样本的构成分布

特征变量	分类	人数 /人	比例 /%	特征变量	分类	人数 /人	比例 /%
性别	男	89	40.6	职业	企业从业人员	47	21.5
	女	130	59.4		学生	111	50.7
年龄	20 岁及以下	29	9.1		政府、事业单位工作者	37	16.9
	21~25 岁	77	35.2				
	26~30 岁	59	26.9		个体经营者	10	4.6
	31~40 岁	39	17.8		其他	14	6.4
	40 岁以上	24	11.0	家庭月收入	5 000 元以下	87	39.7
学历	大专以下	7	3.2		5 000~1 万元	66	30.1
	大专	14	6.4		1 万 ~1.5 万元	29	13.2
	本科	123	56.2		1.5 万 ~2 万元	19	8.7
	硕士及以上	75	34.2		2 万元以上	18	8.2

第三节 数据分析与结果

一、量表评价

（一）共同方法偏差检验

本研究所有构念都由同一受访者填写，可能存在共同方法偏差问题，根据 Harman 单因子检测法，将所有题项进行探索性因子分析，未旋转时第一个因子的方差解释水平为 39.4%，低于 40%，这表明本研究的共同方法偏差在可接受范围之内。

（二）信度和效度检验

为了确保量表可信，笔者验证了量表的信度。基于 219 份有效问卷，首先用 SmartPLS 计算所有潜变量的 Cronbach's α，如表 7.3 所示，在线知识社区中的顾客契合、知识价值、价格公平、愉悦感、关系支持、互惠、赠送意愿的 Cronbach's α 值分别为 0.790、0.876、0.926、0.939、0.954、0.885、0.919，均超过了 0.7，这表明本章所采用的量表具有较好的信度。

表 7.3　各变量的因子载荷、组合信度和 Cronbach's α

潜变量	观测变量	因子载荷系数	组合信度	Cronbach's α
在线知识社区中的顾客契合	EG1	0.783	0.876	0.790
	EG2	0.899		
	EG3	0.827		
知识价值	K1	0.930	0.923	0.876
	K2	0.881		
	K3	0.872		

续表

潜变量	观测变量	因子载荷系数	组合信度	Cronbach's α
价格公平	P1	0.949	0.952	0.926
	P2	0.958		
	P3	0.888		
愉悦感	EN1	0.926	0.961	0.939
	EN2	0.958		
	EN3	0.948		
关系支持	R1	0.951	0.970	0.954
	R2	0.964		
	R3	0.955		
互惠	R1	0.878	0.928	0.885
	R2	0.913		
	R3	0.912		
赠送意愿	G1	0.932	0.949	0.919
	G2	0.933		
	G3	0.918		

　　量表的效度检验包括内容效度、聚合效度和区分效度。如表 7.1 所示，本章借鉴成熟的量表测量潜变量，且具体用词经过反复修改与提炼，这保证了构念的内容效度。如表 7.3 所示，所有变量的因子载荷都在 0.78 以上，高于阈值 0.7（Fornell，Larcker，1981），且高于在其他变量上的载荷，这表明量表中的题项能很好地反映其表示的潜变量；所有变量的组合信度都在 0.8 以上，大于阈值 0.7，这表明本章所采用的量表具有较好的聚合效度。如表 7.4 所示，本研究中各个潜变量的平均提取方差（AVE）均高于阈值 0.5，且 AVE 的平方根均大于它与其他潜变量的相关系数，这表明本章所采用的量表具有较好的区分效度。其中只有愉悦感与赠送意愿的相关系数为 0.609，大于 0.6，不过线性回归分析的结果显示愉悦感的 VIF 为 1.773，小于 3，这表明愉悦感和赠送意愿的相关系数大于 0.6 并不是个问题（Diamantopoulos，Siguaw，2006）。用户赠

送互联网知识型产品的 R^2 值为 0.415，这表明本研究提出的因素解释了 41.5% 用户赠送互联网知识型产品的意愿。以上检验说明本研究的量表具有好的拟合效度。

表 7.4　潜变量的区分效度检验

变量名	1	2	3	4	5	6	7
1. 在线知识社区中的顾客契合	0.838						
2. 知识价值	0.392	0.895					
3. 价格公平	0.278	0.635	0.932				
4. 愉悦感	0.453	0.563	0.454	0.944			
5. 关系支持	0.345	0.507	0.335	0.490	0.957		
6. 互惠	0.274	0.379	0.333	0.333	0.417	0.901	
7. 赠送意愿	0.311	0.457	0.363	0.609	0.416	0.438	0.928

注：对角线上的数字为 AVE 的平方根，对角线下方的数字为各潜变量间的相关系数。

二、假设验证

检验了量表的信度和效度后，本研究用 SmartPLS 2.0 软件，采用最小二乘法结构模型进行路径估计和参数检验，用 bootstrapping（案例数为 220，样本数为 2 000）估计显著性水平，结果见表 7.5。

表 7.5　结构方程假设检验结果

假设	关系路径	标准化路径系数	T 值	结论
H1a	在线知识社区中的顾客契合→知识价值	0.394***	5.35	支持
H1b	在线知识社区中的顾客契合→价格公平	0.283***	3.89	支持
H1c	在线知识社区中的顾客契合→愉悦感	0.268***	4.37	支持
H1d	在线知识社区中的顾客契合→关系支持	0.175**	2.89	支持
H2	知识价值→赠送意愿	0.099	1.18	不支持
H3	价格公平→赠送意愿	0.028	0.37	不支持

续表

假设	关系路径	标准化路径系数	T 值	结论
H4	愉悦感→赠送意愿	0.428***	5.16	支持
H5	关系支持→赠送意愿	0.110*	2.14	支持
H6	互惠→赠送意愿	0.145*	1.98	支持
H7a	知识价值→关系支持	0.441***	5.19	支持
H7b	知识价值→互惠	0.383***	4.51	支持

*、**、*** 分别表示 $p<0.05$，$p<0.01$，$p<0.001$

（一）非交易型顾客契合对感知价值的影响

结构方程结果表明，在线知识社区中的顾客契合正向显著影响感知价值，其对感知知识价值的影响最大，路径系数为 0.394，在 $p<0.001$ 水平上显著，H1a 得到支持；其次为价格公平，路径系数为 0.283，在 $p<0.001$ 水平上显著，H1b 得到支持；接着为愉悦感，路径系数为 0.268，在 $p<0.001$ 水平上显著，H1c 得到支持；对关系支持影响的路径系数为 0.175，在 $p<0.01$ 水平上显著，H1d 得到支持。

（二）知识价值对关系支持、互惠的影响

验证结果显示，感知知识价值还会影响其他感知价值，感知知识价值对关系支持影响的路径系数为 0.441，在 $p<0.001$ 水平上显著，对互惠影响的路径系数为 0.383，在 $p<0.001$ 水平上显著，H7a、H7b 得到支持。

（三）感知价值对赠送意愿的影响

验证结果显示，感知关系支持、愉悦感和互惠正向影响用户赠送互联网知识型产品的意愿，其中，愉悦感的影响最强，其路径系数为 0.428，在 $p<0.001$ 水平上显著，H4 得到支持；然后是互惠，其路径系数为 0.145，在 $p<0.05$ 水平

上显著，H6 得到支持；接下来为关系支持，其路径系数为 0.110，在 $p < 0.05$ 水平上显著，H5 得到支持。但是，感知知识价值和价格公平对用户赠送意愿的影响并不显著，H2、H3 未得到支持。

（四）多重中介效应检验

根据上述结果，关系支持和愉悦感在在线知识社区中的顾客契合和赠送意愿的关系中具有中介作用，本部分采用普里彻和海斯（Preacher，Hayes，2008）提供的 bootstrap 方法，用偏差校正非参数百分位法重复取样 5000 次，置信区间 95%，讨论中介作用。结果显示，关系支持和愉悦感在在线知识社区中的顾客契合与赠送意愿的中介效应的置信区间（CI）为（0.2260，0.4728），效应值为 0.337，关系支持的 CI 为（0.0480，0.1374），效应值为 0.063，愉悦感的 CI 为（0.1694，0.4141），效应值为 0.2750，以上 CI 均不包含 0，这说明愉悦感和关系支持的多重中介效应显著，且愉悦感的中介效应高于关系支持。在线知识社区中的顾客契合对赠送意愿直接影响的 p 值为 0.893，这表明在线知识社区中的顾客契合并不直接影响赠送意愿，感知价值中的愉悦感和关系支持起完全中介作用。

接下来继续探讨关系支持和互惠在知识价值和赠送意愿的关系中的中介作用。依然采用普里彻和海斯（2008）提供的方法。结果显示，关系支持和互惠在知识价值和赠送意愿的中介效应的 CI 为（0.068 8，0.449 3），效应值为 0.231 0，关系支持的 CI 为（0.003 5，0.267 7），效应值为 0.108，互惠的 CI 为（0.031 3，0.268 2），效应值为 0.123 7。由于以上 CI 均不包含 0，所以关系支持和互惠的多重中介效应显著，且互惠的中介效应高于关系支持。另外，在只包含知识价值、互惠、关系支持、赠送意愿的回归分析中，知识价值也显著影响赠送意愿，非标准化系数为 0.333，在 $p < 0.001$ 水平上显著，这支持 H2，但是与结构方程的结果不一致。

—— 本章小结 ——

与非交易型顾客契合行为相比，用户赠送互联网知识型产品这种契合行为投入了金钱，与以往学者探讨的用户付费自用相比，赠送行为还涉及社交网络关系，其体现的契合程度更高，因此本章使用感知价值理论，深入探讨和分析非交易型顾客契合如何影响用户的赠送意愿，主要得到以下结论。

首先，根据用户感知价值理论、礼物赠送的相关文献和赠送互联网知识型产品的过程和特征，本章提出了5种感知价值，知识价值、价格公平、关系支持、愉悦感和互惠价值，互惠价值体现了赠送的特点，这5种感知价值具有良好的区分效度。

其次，利用结构方程，本章验证了非交易型顾客契合——在线知识社区中的顾客契合对感知价值的影响，用户越契合，其感知的互联网知识型产品的知识价值越高、价格越公平，也认为赠送互联网知识型产品是愉悦的，且有利于维系和支持社交关系；知识价值能正向影响互惠价值，它还正向显著影响感知关系支持，这体现了在线知识社区的作用。

再次，同时考虑五种感知价值时，关系支持、愉悦感和互惠价值直接作用于赠送意愿，知识价值通过关系支持和互惠价值间接影响赠送意愿，感知价格公平并不影响用户的赠送意愿，这与李等（Lee et al.，2019）和金姆等（Kim et al.，2018）对社交网站电子礼物的研究结论相一致；只考虑关系支持、互惠价值和知识价值，将其与赠送意愿进行线性回归分析，此时知识价值对赠送意愿的直接影响也显著。

最后，在线知识社区中的顾客契合并不直接作用于用户的赠送意愿，关系支持和感知愉悦感在这个关系中起完全中介作用。

根据以上结论得出，首先，知识服务商应该注重在线知识社区的运营，通过在线知识社区培养顾客契合可以增加用户感知互联网知识型产品的价值，进而增强其赠送互联网知识型产品的意愿；其次，愉悦感对赠送行为的影响效果最大，知识服务商要致力于提高用户赠送互联网知识型产品的愉悦感；最后，价格公平并不影响用户的赠送行为，知识服务商无须通过降价的方式提升用户的赠送意愿。

第八章　总结与展望

　　前面几章总结了知识付费和顾客契合的相关文献，从内容和顾客视角探讨了影响用户执行非交易型顾客契合行为（个人型和互动型）的因素和交易型顾客契合行为（购买自用型、付费围观和购买赠送型）的影响。本章在此基础上回顾本研究的主要结论，提炼主要创新点，阐述理论贡献及管理启示，以为互联网知识服务商运营、营销和顾客管理提供建议，最后论述本研究中的不足、展望未来的研究空间。

第一节　主要研究工作与结论

一、主要研究工作

　　顾客契合是21世纪顾客管理的核心（Pansari et al.，2017），它被概念化为影响企业绩效的不同顾客活动（Kumar et al.，2010），包括购买，有奖励的推荐，在社交媒体中分享、讨论与品牌或企业相关的内容，向其他用户提供反馈或建议等。互联网知识付费行业诞生于社交媒体迅速发展时代，它是一种新兴的服务行业，知识服务商和知识生产者充分利用各种社交媒体来营销、维系和发展用户关系，并充分利用用户创造价值。以往关于顾客契合的研究已经比较丰富，基于互联网知识付费行业的特征和顾客契合程度的递增，本研究识别了3类在线顾客契合行为——个人型非交易顾客契合行为（阅读和收藏）、互动型非交易顾客契合行为（学习打卡）和互动交易型顾客契合行为（赠送），对用户从事这些行为的影响机制展开深入研究，主要工作体现在以下几个方面。

（一）梳理了在线顾客契合行为的类型

基于已有顾客契合行为文献和顾客契合研究中对行为的测量，根据是否投入金钱资源，将在线顾客契合行为分为交易型和非交易型。再根据是否需要参与社会互动，将非交易型在线顾客契合行为分为个人非交易型顾客契合行为和互动非交易型顾客契合行为，将交易型在线顾客契合行为分为购买自用型和购买赠送型。关注在线社区、阅读、点赞、收藏都属于个人非交易型在线顾客契合行为，评论、发帖、分享等都属于互动非交易型在线顾客契合行为。

（二）分析了内容特征对个人非交易型在线顾客契合行为的影响

内容是社交媒体营销的主要工具之一，本研究使用一个知识型微信公众号的真实运营数据，探讨了其内容特征对知识型微信公众号中个人非交易型顾客契合行为的影响，具体来说，探讨了标题的感知价值、关注度、体现的情绪和内文内容的类型、原创性、生动性等特征对公众号会话阅读、朋友圈阅读、总阅读和收藏这几种个人非交易型顾客契合行为的影响。

（三）分析了用户执行互动非交易型顾客契合行为（学习打卡）的影响因素

随着契合程度的提升，顾客会执行互动非交易型顾客契合行为，与个人非交易型顾客契合行为相比，除了时间和精力，顾客还需投入社交网络关系或者知识储备。学习打卡指用户在社交媒体上持续分享与知识或产品相关的内容以记录其学习进度或者成果，它是知识付费背景下一种有特色的互动非交易型顾客契合行为，一方面它试图解决知识型产品使用过程中难以坚持的问题，另一方面可作为口碑，有助于企业获取新的顾客。学习打卡是一种新的现象，本研究首先利用扎根理论，探索性地分析了用户的打卡形式及影响用户打卡行为的影响因素，为后面定量研究中概念模型的提出奠定了基础。鉴于公开互动型顾客契合行为给企业带来的价值更高，本研究在前一章的基础上，基于社会交换理论，采用定量研究方法——结构方程和回归分析，利用问卷调查收集的数据，探讨感知收益和感知成本对用户在社交媒体公开打卡意愿的影响。

（四）分析了购买自用型顾客契合行为的影响机制

促使顾客购买是知识服务商营销和顾客管理的最终目标之一，与非交易型顾客契合行为相比，交易型顾客契合行为需要花费金钱，体现了顾客更高的契合程度，本研究接下来分析了购买自用型顾客契合行为——付费围观。基于信息觅食理论，采用定量研究方法，探讨了问题的提问价格和描述的详细程度、问题描述中体现的情感、答主的受喜爱度、问题类型等因素对用户围观行为的影响。

（五）分析了非交易型顾客契合对购买赠送型顾客契合行为的影响

本研究接下来分析了契合程度更高的一种交易型顾客契合行为——赠送。一方面，用户通过购买直接为知识服务商创造了经济价值；另一方面，赠送中用户还投入了社交网络资源，它还可能为知识服务商带来新用户。因此，本研究以感知价值为中介，探讨了非交易型顾客契合对交易型顾客契合——赠送行为的影响，既体现了非交易型顾客契合的价值，也探讨了赠送行为的影响机制。

二、主要结论

本研究采用负二项回归、最小二乘法回归、广义线性回归、结构方程、扎根理论等多种方法，运用 Stata、Spss 和 SmartPLS 等多种软件，探讨以上研究内容，最终得出以下主要结论。

（一）内容特征影响个人非交易型顾客契合行为

1. 知识型微信公众号标题的感知价值、标题长度和关注度影响用户的阅读行为

无论是公众号会话阅读数，还是朋友圈阅读数都受帖子标题特征的影响。具体来说，标题的感知情感价值正向影响公众号会话阅读数，标题的感知信息价值正向影响朋友圈阅读数。包含的积极情绪的标题既正向影响公众号会话阅读数，又影响朋友圈阅读数，且从影响效果大小来看，在朋友圈中的影响要大于在公众号会话中。标题关注度和长度负向影响公众号会话阅读数，但这两个变量并不影响朋友圈阅读数。从总阅读数来看，标题的感知信息价值、感知情感价值、包含积极情绪均正向影响总阅读数，标题的感知信息价值的影响与彭晨明等（2016）对品牌微信帖子的研究结论相一致。

2. 知识型微信公众号帖子的生动性影响用户的阅读行为和收藏行为

收藏是用户与信息价值高的帖子的一种特别互动，它能增加知识生产者和帖子在用户面前的曝光。本研究识别了知识型微信公众号帖子的生动性、原创性、帖子长度和作者的活跃度等特征，结果表明，帖子的生动性正向影响用户阅读数和收藏数，且这种影响的效果在收藏行为中更大；作者的活跃度负向影响朋友圈阅读数和总阅读数；帖子的原创性和长度完全不影响用户阅读行为；只考虑内文内容特征，不考虑标题特征时，帖子长度和原创性正向影响用户收藏行为。本研究中生动性对顾客契合行为影响的结论与彭晨明等（2016）的研究不一致，不过与茨维吉克等（2014）和卢恩等（Luarn et al.，2015）的研究结论一致，这可能是由于知识型微信帖子和品牌微信帖子的易理解程度不同，难以理解的内容更需要生动的表达方式。

（二）用户层面、组织层面和社会环境层面的因素影响互动非交易型顾客契合行为——学习打卡

学习打卡这种互动非交易型顾客契合行为有四种形式：私人型打卡、社群型打卡、公开型打卡和策略型打卡；私人型打卡指以"仅自己可见"的方式在社交媒体中分享打卡信息；社群型打卡指在以知识型产品或活动为中心建立的社群中打卡；公开型打卡指按照企业的要求以"所有用户可见"的方式在社交媒体平台中持续打卡，并且短期内不删除打卡信息；策略型打卡指先按照企业要求在社交媒体公开打卡获取指定利益，之后立即删除打卡信息的行为。影响用户具体应对方式的因素可以分为3类：用户层面、组织层面、社会环境层面。在用户层面，社交性结果（包括自我强化和利他性），情感性结果（象征意义、成就感），功用性结果（自我追踪、自律、感知有用性和反馈），用户个体特征（自我效能、隐私倾向、社交网站披露意图和语义联想），资源可得性（时间和精力、社交媒体可用性），打卡习惯和情感契合影响用户的打卡方式；在组织层面，员工与用户的交互，组织奖励（游戏化设计、奖励设计、奖励改变）和分享机制（内容类型、打卡天数、信息流控制程度和社交媒体关系强度）影响用户的打卡行为；在社会环境层面，主观规范（指令性规范、示范性规范），社会交互（社交支持和社会负反馈）影响用户的打卡行为，其中打卡习惯、情感契合和社会交互仅影响后续的持续打卡行为，不影响初始打卡意愿。

（三）自我强化、帮助他人的愉悦感、自律正向影响用户在朋友圈公开持续打卡的意愿

朋友圈是基于线下关系建立的、在中国使用最广泛的社交平台之一，也是企业进行社交媒体营销的主要渠道之一，本研究利用社会交换理论着重探讨用户在朋友圈这种社交媒体中公开打卡的行为。结构方程的结果表明：帮助他人的愉悦感、自我强化和自律这三种感知价值正向影响用户在朋友圈中持续打卡的意愿。不过无论是结构方程还是线性回归，纸质版图书这种经济奖励对用户持续打卡意愿的直接影响都不显著，而且易使用户对打卡产生负面评价，但它能正向调节帮助他人的愉悦感对打卡意愿的影响。

（四）感知社交成本负向影响用户在朋友圈公开持续打卡的意愿

根据扎根理论，本研究识别了感知社交成本和感知执行成本，这两种成本中，感知社交成本对用户在朋友圈持续打卡意愿的负向影响在结构方程和线性回归分析中都得到了验证，但是感知执行成本对朋友圈持续打卡意愿的负向影响只在线性回归中得到了验证，在结构方程中的结果并不显著。

（五）"信息气味"和问题类型影响用户的围观行为

根据信息觅食理论，本研究发现问答社区中问题的提问价格和描述的详细程度正向影响问题的围观数；互联网资讯领域问题的围观数多于健康医疗和财经领域问题，但该领域答主回答问题数的均值要低于其他两个领域；健康医疗领域中答主的受喜爱度并不正向影响围观数；问题描述中体现的情感在健康医疗领域比较重要，正向情感正向影响围观数，负向情感负向影响围观数。

（六）非交易型顾客契合通过用户感知价值影响赠送意愿

用户感知赠送知识型产品的价值包括知识价值、价格公平、关系支持、愉悦感和互惠价值。用户越契合，其感知的互联网知识型产品的知识价值越高、价格越公平，也越倾向于认为赠送互联网知识型产品是愉悦的，有利于维系和支持社交关系；知识价值能正向影响互惠价值，还正向显著影响感知关系支持；关系支持、愉悦感和互惠价值直接作用于赠送意愿，知识价值通过关系支持和互惠价值间接影响赠送意愿，感知价格公平并不影响用户的赠送意愿；在线知识社区契合并不直接作用于用户的赠送意愿，关系支持和感知愉悦感在这个关系中起完全中介作用。

第二节　主要创新点与研究贡献

互联网知识付费背景下的顾客契合行为属于移动电子商务、社交媒体营销、消费者行为领域的交叉部分，通过规范的理论和实证分析，本研究具有一定的创新性，且对理论和实践发展做出了贡献。

一、主要创新点

（一）系统探讨了互联网知识付费这一情境中的互动型在线顾客契合行为——学习打卡

互联网知识付费是一种新兴服务业，学者对其研究仍然处于初期阶段，已有消费者行为领域的研究主要关注用户的付费行为及用户和知识服务商或知识生产者的信任、满意关系，未探讨过知识服务商推出的社交媒体持续打卡这种互动型顾客契合行为。打卡具有双重作用，一方面它是一种营销手段，另一方面，它能解决用户使用知识型产品时难以坚持的问题，这使其区别于以前关于推荐奖励计划、在社交媒体中分享商业链接或者传播口碑的研究。在社交媒体中利用基于位置的服务（Location-based service，LBS）分享地点信息也是一种打卡，但它是单次行为，不适用于解决难以坚持的问题。本研究利用扎根理论，对影响用户参与社交媒体打卡活动的因素进行了探索性分析，并利用问卷调查，对社交媒体公开打卡这一行为进行了详细分析。

（二）将微信公众号帖子的阅读行为分为公众号对话阅读和朋友圈阅读

在个人型顾客契合行为的相关研究中，当学者采用阅读数测量顾客契合时，一般不会区分阅读者的来源，本研究则利用数据集，将阅读者的来源区分为公众号会话和朋友圈，对比了两种不同信息来源中用户与知识型微信帖子的交互，以更深入地了解用户使用各类社交媒体的差异。

（三）探讨了知识型微信帖子的收藏行为

收藏是用户将信息价值高的帖子存储在特定位置以便于未来使用的行为，它能增加知识生产者和帖子在用户面前的曝光。个人型顾客契合行为的相关研究中，学者对收藏行为的研究较少，知识型帖子的价值可能体现在未来，或者其内容不易被理解，因此，与其他新闻、娱乐或者促销信息相比，知识型帖子被收藏的可能性更高。基于知识型帖子的以上特点，本研究探讨了收藏这一个人型顾客契合行为。

（四）在对付费围观的研究中引入了情感变量

以往对付费围观的研究中，学者利用信号理论、粉丝理论、信息处理双过程理论、信任等理论基础，识别了回答者的微博等级、粉丝量、声誉，回答的价格、评论数、赞同数、时长，提问者的求知欲、信任等影响因素，但是缺乏情感因素对围观行为影响的研究，本研究基于信息觅食理论，引入情感变量，探讨影响用户围观行为的因素，并对比分析了其在健康医疗、财经和互联网资讯领域中的影响。

（五）探讨了通过社交媒体赠送互联网知识型产品这种交易型顾客契合行为

对于交易型顾客契合行为，不少学者探讨了用户为互联网知识型产品付费的动机及影响因素。与这种付费行为相比，赠送是付费后送给别人，付费者和使用者并不一致，可能涉及赠送礼物的含义。以往关于赠送在线礼物的研究已经比较丰富，但是学者还未探讨过赠送互联网知识这一类产品，且未考虑非交易型顾客契合这一前置因素的影响。基于以上几点，本研究探讨了非交易型顾客契合对用户赠送互联网知识型产品这一交易型顾客契合行为的影响。

二、研究贡献

（一）理论贡献

本研究在各章中运用了顾客契合理论、使用和满足理论、社会交换理论和感知价值理论，对互联网知识付费背景下的在线顾客契合行为进行了详细分析，主要做出了以下理论贡献。

第一，本研究丰富了在线社区参与的相关研究。社交媒体出现之后，顾客契合在用户管理中越来越重要，学术界对在线品牌社区、知识社区等在线社区中用户参与行为的研究也越来越丰富。以往学者探讨了在线社区中用户的阅读、点赞、分享（彭晨明 等，2016；Cvijikj et al.，2013）、回复（Fang et al.，2018）等行为，本研究把知识型微信帖子的阅读分为了公众号会话中的阅读和朋友圈中的阅读，分别探讨了内容特征对两种阅读行为的不同影响。公众号会话阅读和朋友圈阅读两种渠道有以下几点区别：①从阅读者和公众号的关系来看，公众号会话的所有阅读者都是公众号的关注者，即本身就属于在线知识社区，而朋友圈的阅读者既有公众号的关注者，也有非公众号的关注者。②从信息形式来看，公众号会话中主要是各类专业人士生产的内容（Professionally-generated Content，PGC），形式比较单一；而朋友圈中既有用户分享的来源于公众号会话的内容，还涉及用户生成的与个人体验相关的内容，形式比较丰富。据笔者所知，本研究是首次把研究对象设定为知识型微信帖子，并且区分了两种阅读行为。本研究还探讨了收藏行为，这种行为在以往的研究中受到的关注较少，帖子被收藏后可便于未来使用，而知识的价值可能体现在未来，所以对于知识型微信帖子，探讨用户的收藏行为有很重要的价值。另外，本研究还系统区分了付费提问和付费围观两种行为，付费围观与付费提问在成本、满足知识需求的自主性、获取信息的路径方面都有差异。付费围观不仅能为答主提供直接的经济收益，还是对提问者付出较高成本提问的经济补偿，是促进问答社区持续运营的有效机制之一，本研究对付费围观行为的研究具有重要价值。

第二，本研究丰富了社交媒体营销的相关研究，社交媒体营销指利用各种社交媒体进行的商业营销事件或过程，其目的是促进消费者购买。从企业视角来看，本研究涉及了微信公众号营销和社交网站营销两种社交媒体营销，顾客契合是测量社交媒体营销效果的一种方式（Hoffman，Fodor，2010）。学习打卡是一种社交网站营销活动，一方面能加强用户与知识服务商及其产品的交互，有助于用户坚持使用产品，另一方面有助于打卡者的社交媒体联系人对知识服务商及其产品产生品牌意识。通过理解用户使用知识型在线社区和参与社交网站学习打卡活动的行为，本研究使社交媒体营销相关的研究更加丰富。

第三，在赠送互联网知识产品情境下，本研究确定了用户感知价值的 5 个维度——知识价值、价格公平、关系支持、愉悦感和互惠，并验证了它们在非交易型顾客契合和赠送行为之间发挥的中介作用以及各种价值之间的关系。通过理论分析和实证验证，扩展了感知价值理论的应用和解释范围。

第四，将社会交换理论应用到了新情境——社交网站学习打卡活动中，提取并验证了这种新情境下的感知收益（自律、自我强化和帮助他人的愉悦感）和感知成本（社交成本），以及其对用户在社交媒体公开打卡的影响，扩展了社会交换理论的应用和解释范围。

（二）管理启示

第一，知识服务商应该注重在线知识社区的运营，非交易型顾客契合能增加用户的感知价值，进而促进其购买，为知识服务商创造经济价值。在赠送互联网知识产品情境中，非交易型顾客契合能直接或间接提升用户的感知知识价值、感知价格公平、赠送互联网知识产品的感知愉悦感、互惠性和关系支持，感知价值又会影响用户的赠送行为。

第二，知识型微信公众号运营者不仅要关注微信帖子的内文内容，也要重视帖子的标题特征。拟定标题时，微信帖子的作者要多使用包含积极情绪的词汇，且尽可能使用简短的文字体现出情感价值，这样能增加公众号会话阅读数。作为以传递知识为主要目的的公众号，知识型帖子的标题不一定要追热度，标题的关注度越高，其公众号会话阅读数反而有可能越低。在朋友圈中，标题的感知信息价值越高，阅读数也越多。从内文内容来看，知识型帖子在传递知识时要注重形式，多增加图片等能提升内容生动性，这一方面可加强用户对知识的感性认识，另一方面可调节用户接受信息时的情绪，进而增加阅读数和收藏数。原创需要耗费作者更多的时间和精力，但是原创标识并不能直接提升用户契合，因此，从社交媒体营销和顾客契合角度来看，微信帖子作者没有必要追求帖子的原创性，可以遵循相关要求，转发其他运营者生成的价值高的帖子。知识型微信公众号的运营者若希望增加帖子的收藏数，可以增加帖子的生动性，同时降低帖子的情感价值，对于较长的帖子，可以增加标题的感知信息价值。除了内容特征方面的影响，对于公众号运营者来说，其发展的一个重点和难点是如何激励和保证知识生产者持续生成高质量的内容。即使内容是转发自其他公众号运营者的、非原创的，持续选择或者生成高质量内容也非易事，因为本研究的数据显示，随着内容生产者发布帖子数量的增加，顾客对其发布帖子的契合反而降低。

第三，付费问答诞生于知识付费发展的风口，是为内容服务平台和知识盈余者直接带来收益、维系平台持续运营和繁荣的一种方式，但是随着用户热情褪去，不同领域的答主要采用合适的策略以维持自身对提问者和围观者的吸引力。对于财经类和互联网资讯类的答主，可以致力于提升微博粉丝数以增加围观数，但是对于医疗健康类答主，可能无须在增加粉丝数方面投入过多；为了知识付费模式的长久运营，答主要不断地提升其专业度和回答的价值。提问者在提问题时，除了满足自身信息需求，为了获得更多用户围观、弥补提问成本，应尽可能详细描述问题。仅从获得用户围观来看，健康医疗领域的围观用户可能更期望从问答中获得情感支持或更可能规避包含负向情绪的信息，因此建议提问者增加积极情绪，减少消极情绪；财经类问题中积极情绪词汇数负向影响围观数，描述问题时可以减少积极情绪词汇数的使用。

第四，用户购买互联网知识型产品后可以自己使用，也能以礼物或者其他名义通过社交网站送给他人，因此知识服务商除了提供购买服务，还应提供赠送服务，这不仅是知识服务商的一种盈利模式，也有利于其获取新用户。互联网知识型产品的知识价值既涉及信息价值，也涉及知识的呈现形式，它能增加感知互惠性和关系支持；愉悦感对赠送行为的影响效果最大，知识服务商要致力于提高用户赠送互联网知识型产品的愉悦感；价格公平并不影响用户的赠送行为，知识服务商无须通过降价的方式提升赠送意愿。以上结论为知识服务商的盈利模式提供了思路和理论支撑。

第五，知识服务商若要解决用户购买知识型产品后不能坚持使用的问题，学习打卡活动是一种好的选择。单从此目的出发，知识服务商可以设计多种打卡方式，如允许用户自主选择打卡的社交媒体平台、打卡信息、打卡信息的接收者，还要增加打卡过程中的仪式，以增强打卡者的仪式感；虚拟货币、勋章等游戏化元素可以用于打卡设计中，提供物质奖励时，要考虑奖品的情感价值，以增强顾客情感契合；知识服务商要建立社群促进员工等代理人与用户及时、积极互动，良好的关系有利于用户参与打卡活动，还要利用社群加深用户之间的相互影响，多鼓励打卡用户展示其行为及打卡带来的效果。除了发挥打卡的监督效果，知识服务商若还要利用打卡进行营销，最佳选择是鼓励用户在社交网站中公开打卡。此时，知识服务商设计的打卡内容最好对他人有用，以使打卡者分享后产生帮助他人的愉悦感，打卡内容和规则还要能增强用户的自律感，有助于向他人展示积极的形象。另外，知识服务商还要致力于降低用户打卡时的感知社交成本，这也可以通过打卡内容的设置实现。

第三节 研究的局限性与展望

本研究以互联网知识付费中的在线顾客契合行为为主题，遵循规范的科学范式，获得了较为丰富和有意义的研究结论。但是，研究过程中仍存在着一定的局限性和不足，未来可以进一步讨论。

一、研究的局限性

第一，本研究用负二项回归分析用户使用知识型微信公众号的阅读行为和收藏行为，所有数据来源于一个知识型微信公众号，而知识类型多样，且不同微信公众号运营者的声誉、运营能力和用户基础差异较大，由于数据可得性限制，本研究未能获取多类知识型微信公众号中的数据，进一步验证本研究得出的结论。

第二，用户使用微信公众号的行为不仅受内容特征影响，可能还受用户的个体特征、社交网络等社会因素影响，但是每个用户的个体特征和社会特征数据从微信公众号中无法获得，因此本研究只考虑了内容特征，未考虑个体特征、社交特征等对用户阅读行为和收藏行为等个人型顾客契合行为的影响。

第三，本研究采用横截面数据探讨用户使用知识型微信公众号的行为和围观行为，未能考虑个体延迟使用、用户的从众效应等因素，面板数据更有利于控制时间、帖子异质性、用户的从众效应的影响。

第四，本研究使用问卷调查验证概念模型时，调研对象主要来源于天津、山西、济南等地，在校学生占大多数，但是互联网知识型产品在不同地区的使用情况有差异，北京、上海、广州等一线城市中互联网知识型产品的用户众多，但涉及的相关数据较少，本研究所得结论在其他地区的普适性还需要进一步验证。

第五，本研究通过质性研究方法分析用户的打卡行为时，微博中的真实数据只来自扇贝网旗下的阅读、背单词各类产品，未考虑其他类型的互联网知识型产品中的学习打卡。

第六，本研究探讨公开互动型顾客契合行为时，以朋友圈为背景，在问卷中设定了具体的打卡情境和打卡内容，未考虑其他打卡内容、经济奖励、社交媒体类型中的互动行为，也未进一步探讨策略性打卡和社群打卡两种互动型顾客契合行为。

第七，本研究在探讨用户围观行为时只选择了健康、财经和互联网资讯三个领域，未来可以选择更多领域，进一步探讨用户对实用型问题和享乐型问题围观行为的差异，进一步验证本研究中的结论；本研究中的样本未能有效验证围观价格的影响，未来可以设置不同的围观价格进一步验证其影响；本研究使用微博问答中的客观数据来验证研究假设，未来可以利用问卷、实验等方法结合用户的特征等进一步验证用户的心理因素。

第八，互联网知识付费有多种形式，本研究主要考虑了付费订阅类型中涉及的各类营销和顾客管理问题以及付费围观，未分析付费提问、打赏等其他知识付费情境下的顾客管理问题。

二、未来的研究展望

本研究遵循规范的实证研究范式，探讨互联网知识付费背景下的顾客契合行为，取得了一些研究成果。互联网知识付费作为一种新兴服务业，其实践在不断发展，该领域的研究还处于初期，未来一方面可以突破上面所述的本研究的局限性，另一方面也可以从研究层次、研究问题几方面进行扩展。

（一）突破本研究的局限性

第一，针对本研究数据来源单一、采用横截面数据的局限性，未来可以按照知识领域、用户规模等标准获取多类知识型在线社区的内容和用户契合行为的面板数据，验证和拓展本研究中的结论。另外，在线知识社区中的契合行为不仅包括个人型顾客契合行为——阅读和收藏，还包括互动型顾客契合行为——评论、交易型顾客契合行为——打赏等，与阅读和收藏相比，评论需要付出更多的时间精力，且微信公众号运营者有选择显示哪些评论的权力，打赏则需要付出金钱成本，未来可以拓展比较这几种不同的契合行为。

第二，笔者无法获得微信公众号中用户的个体特征和社会特征数据，未来可以结合实验、问卷等研究方法，探讨知识型微信公众号内容特征、个体特征和社会特征对个人非交易型顾客契合行为的影响，也可采用其他能显示用户个体特征和社会特征的在线知识社区探究顾客契合行为。

第三，对于学习打卡这种互动非交易型顾客契合行为，一方面，可以进一步探讨用户的个体特征（自我效能、隐私倾向和社交网站披露意图），社交媒体类型（微博、微信群），打卡内容（学习进度或者学习成果），奖励类型（有无名人效应、慈善效应）等因素对公开打卡行为的影响；另一方面，除了公开打卡，还可通过多种定量研究方法深入分析影响用户执行策略型打卡和社群型打卡两种行为的因素。

（二）基于研究问题的拓展和延伸

互联网知识服务业中，除了知识服务商、知识消费者（用户），还有知识生产者，未来可以探讨知识服务商与知识生产者、知识生产者与知识消费者的关系。例如，本研究中用户契合的对象是在线知识型社区、知识服务商和知识服务商推出的活动，直播、短视频等社交媒体工具的出现使用户与知识生产者的交互方式越来越多，这些社交媒体如何影响用户对知识生产者的契合呢？知识服务商除了为知识消费者提供了知识，还为知识生产者提供了分享经验、见解的平台，为他们带来了经济收入和社会声誉，知识生产者同时也成为知识服务商提供服务的关键。从知识生产者的角度出发，哪些因素影响知识生产者对知识服务商的契合呢？

互联网知识付费有付费订阅、付费问答、打赏等多种形式，本研究主要以付费订阅型为背景，未来可以探讨付费问答、打赏等情境中的顾客契合行为。社群是互联网知识付费运营中的核心之一，如一些知识生产者通过微信群输出知识、发布任务，用户也通过微信群获取知识、分享学习成果、打卡，社群如何影响用户的互动、打卡、持续付费行为，从群体层次而非个人层次探讨契合行为也具有重要意义。

越来越多的知识服务商采用人工智能提供服务，如微信读书中用人工智能合成的声音朗读图书，得到推出了"得到大脑"计划，帮助用户建立知识图谱；知乎使用人工智能技术匹配话题：用户对人工智能服务的态度是什么？哪些人工智能服务未来会成为互联网知识服务业中的基础服务？哪些有利于营销和顾客管理，为知识服务商带来竞争优势？哪些反而不利于培养顾客契合？其中的影响机制是什么？未来可以结合人工智能，探讨互联网知识付费背景下的顾客契合行为。

（三）基于研究方法的拓展和延伸

本研究主要采用结构方程和回归分析验证提出概念模型，但各种研究方法都有自身的优势和劣势。未来可以用实验方法，通过有效手段操纵变量，讨论用户的个体特征、品牌特征、用户－员工关系、社交媒体类型、打卡时分享内容的特征等对各类打卡行为的影响和用户个体特征对其围观行为的影响；也可以多采用在线平台或在线知识社区中的大数据，探讨知识服务商社交媒体营销策略的效果。

经历了一轮飞速发展，互联网知识付费行业现在也面临着一些挑战，比如如何保证知识内容的质量、如何保护创作者的权益、如何合理定价等问题，未来各位学者还可以继续探讨。

附　　录

附录 A　用户学习打卡行为影响因素调查访谈提纲

1. 您购买过哪些互联网知识付费产品？为什么会购买？

2. 这些知识付费产品的知识服务商是否推出了社交媒体打卡等持续分享学习信息的活动？如果推出了，它的形式和规则是怎样的？

3. 哪些因素促使您在社交媒体持续分享学习信息？或者打卡这类社交媒体持续分享学习信息活动为您带来了哪些好处？

4. 哪些因素抑制您在社交媒体持续分享学习信息？

5. 您认为您的朋友或者一起购买产品的人为什么会在社交媒体上持续分享学习信息呢？

6. 您认为您的朋友或者一起购买产品的人为什么不在社交媒体上持续分享学习信息？

7. 您会继续购买互联网知识型产品吗？为什么？

8. 您会继续分享学习信息吗？为什么？

附录 B　用户社交网站持续公开打卡行为问卷调查

尊敬的女士／先生：

　　您好！非常感谢您在百忙之中参与本次问卷调查！本问卷采用匿名调查的形式，所收集的数据仅用于本次学术研究，不会用于任何商业用途，且您的回答将被完全保密，请您放心作答。本次调研大概花费您 3~5 分钟的时间，所有题目没有对错之分，请根据您的直觉作答即可。再次感谢您的鼎力支持！

南开大学商学院

第一部分　用户使用知识服务和朋友圈情况

　　1. 现在一些企业或平台通过移动设备（如手机）提供知识服务，比如人文社科等课程、图书阅读和解读，这些服务多以语音和文字形式呈现，并且单次服务时间在 15 分钟左右。您使用过哪些知识服务商的 App？可多选。

　　A. 得到　　　　B. 知乎　　　　C. 豆瓣　　　　D. 喜马拉雅　　　E. 看理想

　　F. 其他 _____　　　　　G. 我未使用过任何知识服务 App

　　2. 您使用微信朋友圈的频率是：

　　A. 每年数次　　B. 每月数次　　C. 每周数次

　　D. 每天数次　　E. 我从不使用微信朋友圈

　　3. 您的微信好友数是（划至联系人最下端，显示好友数）

_____

179

第二部分 用户公开打卡意向调查

"打卡"是指根据活动规则，用户在社交媒体上持续分享与知识相关的内容以记录其学习进度或者成果，常包含品牌名称、学习情况等信息，如我已完成 n 天的学习 [X 品牌]，今日学习 m 分钟。

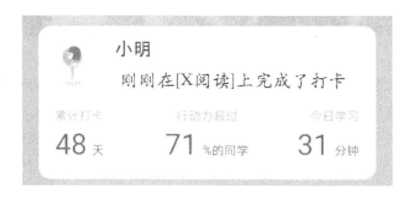

想象您花 199 元订阅了知识付费企业 X 通过手机提供的在线知识产品 P，P 需要持续学习 100 天，每天学习 P 至少需花 15 分钟。每次学习完成，手机界面上都显示以上图片中的信息。

知识付费企业 X 呼吁您在朋友圈中持续分享以上图片以打卡，100 天之内打卡 80 次，可以获得 P 的纸质版产品。

本部分是对您在朋友圈公开打卡意向的调查。各个数字代表题项与个人主观或实际情况的符合程度，根据您对在线打卡的了解情况，选择相应选项。

--------1--------|-------2--------|-------3--------|-------4--------|-------5--------|-------6--------|-------7-------|
完全不同意　　不同意　　有点不同意　　一般　　有点同意　　同意　　完全同意

1. 关于在朋友圈打卡满足您帮助他人愉悦感的感受，您是否同意下面的这些描述？

	帮助他人的愉悦感	①～⑦程度依次递增						
1.1	我喜欢与别人分享与在线学习相关的信息	①	②	③	④	⑤	⑥	⑦
1.2	我喜欢分享在线学习产品信息以帮助别人	①	②	③	④	⑤	⑥	⑦
1.3	分享在线学习产品信息帮助别人的感觉很好	①	②	③	④	⑤	⑥	⑦
1.4	分享在线学习产品信息让我很高兴	①	②	③	④	⑤	⑥	⑦

2. 关于在朋友圈打卡满足您成就感的感受，您是否同意下面的这些描述？

	成就感	①～⑦程度依次递增						
2.1	每天坚持打卡使我产生骄傲感	①	②	③	④	⑤	⑥	⑦
2.2	我为每天坚持打卡而自豪	①	②	③	④	⑤	⑥	⑦

3. 关于在朋友圈打卡满足您自律需求的感受，您是否同意下面的这些描述？

	自律	①～⑦程度依次递增						
3.1	打卡激励我继续为目标而努力	①	②	③	④	⑤	⑥	⑦
3.2	打卡促进我自律	①	②	③	④	⑤	⑥	⑦
3.3	打卡是对我自己的奖励	①	②	③	④	⑤	⑥	⑦

4. 关于在朋友圈打卡满足您自我强化需求感受，选择您认为最符合的一项。

	自我强化	①～⑦程度依次递增						
4.1	持续打卡有助于建立"我爱学习"的形象	①	②	③	④	⑤	⑥	⑦
4.2	持续打卡会收到别人给我的正面反馈	①	②	③	④	⑤	⑥	⑦
4.3	持续打卡会给别人留下正面印象	①	②	③	④	⑤	⑥	⑦
4.4	持续打卡的人在学习上有更好的声誉	①	②	③	④	⑤	⑥	⑦

5. 关于打卡获得经济奖励的感受，您是否同意下面这些描述。

	经济奖励	①～⑦程度依次递增						
5.1	当我打卡时，我非常希望获得经济奖励	①	②	③	④	⑤	⑥	⑦
5.2	知识付费企业的经济奖励机制激励我持续打卡	①	②	③	④	⑤	⑥	⑦
5.3	获得的经济奖励额度越大，我越可能持续打卡	①	②	③	④	⑤	⑥	⑦
5.4	为了获得经济奖励，我持续打卡	①	②	③	④	⑤	⑥	⑦

6. 关于您在朋友圈打卡成本的感受，您是否同意下面的这些描述？

	社交成本	①～⑦程度依次递增						
6.1	朋友圈好友常看到打卡信息会感觉不舒服	①	②	③	④	⑤	⑥	⑦
6.2	朋友圈好友看到打卡信息会认为我为了自己的利益而损害他们的利益	①	②	③	④	⑤	⑥	⑦
6.3	朋友圈好友常看到打卡信息会认为他/她被我利用了	①	②	③	④	⑤	⑥	⑦
	执行成本	①～⑦程度依次递增						
6.4	我没有时间在朋友圈持续打卡	①	②	③	④	⑤	⑥	⑦
6.5	在朋友圈持续打卡很费精力	①	②	③	④	⑤	⑥	⑦
6.6	在朋友圈持续打卡需付出很多努力	①	②	③	④	⑤	⑥	⑦

7. 关于您在朋友圈持续打卡的意愿，您是否同意下面的这些描述？

	持续打卡意愿	①～⑦程度依次递增						
7.1	我计划在朋友圈持续打卡	①	②	③	④	⑤	⑥	⑦
7.2	我打算在朋友圈持续打卡	①	②	③	④	⑤	⑥	⑦
7.3	未来我会在朋友圈持续打卡	①	②	③	④	⑤	⑥	⑦

8. 关于在线知识付费企业要求消费者在朋友圈持续打卡的目的，您是否同意下面的这些描述？

	对打卡的态度	①～⑦程度依次递增						
8.1	它们是为了利用消费者的社会关系赚取利润	①	②	③	④	⑤	⑥	⑦
8.2	它们是为了帮助消费者养成良好的学习习惯	①	②	③	④	⑤	⑥	⑦

9. 您在哪个社交网站打卡？

A. 朋友圈 　　　　　　　B. 微博

第三部分　用户基本资料

1. 您的性别是：

A. 男 　　　　　　　B. 女

2. 您的年龄是：

A. 20 岁及以下 　　　　B. 21~25 岁 　　　　C. 26~30 岁

D. 31~40 岁 　　　　　E. 40 岁以上

3. 您的学历是：

A. 初中及以下 　　　　B. 高中 / 中专 / 技校 　　C. 大专

D. 本科 　　　　　　　E. 硕士及以上

4. 您的职业是：

A. 企业从业人员 　　　B. 政府机关、事业单位工作者

C. 个体经营者 　　　　D. 学生 　　　　　　E. 其他

5. 您的家庭月收入是：

A. 5000 元以下 　　　　B. 5000~1 万元 　　　C. 1 万 ~1.5 万元

D. 1.5 万 ~2 万元 　　　E. 2 万元以上

问卷到此全部结束，感谢您的时间与参与，祝您生活愉快！

附录 C 用户赠送互联网知识型产品意愿问卷调查

尊敬的女士 / 先生：

您好！非常感谢您在百忙之中参与本次问卷调查！本问卷采用匿名调查的形式，所收集的数据仅用于本次学术研究，不会用于任何商业用途，且您的回答将被完全保密，请您放心作答。本次调研大概花费您 3~5 分钟的时间，所有题目没有对错之分，请根据您的直觉作答即可。再次感谢您的鼎力支持！

南开大学商学院

第一部分 用户使用知识服务情况

1. 现在一些企业或平台通过移动设备（如手机）提供知识服务，比如人文社科课程、图书解读、讲座，这些服务多以语音和文字形式呈现，并且单次服务时间在 15 分钟左右。您最常使用哪个知识服务商提供的产品和服务：

A. 得到　　　　　B. 知乎　　　　　C. 豆瓣　　　　　D. 喜马拉雅

E. 看理想　　　　F. 其他 _____

G. 我未使用过任何知识服务 App

请根据您与该知识服务商的交互情况，回答以下问题：

2. 知识服务商常通过在线社区免费分享与某领域相关的知识，连接有共同兴趣的用户，如在微信公众号、微博中分享知识性内容，在自建 App 中建立社区支持用户与知识交互。您是否使用过该知识服务商建立的在线知识社区？

A. 是　　　　　　B. 否

3. 请回忆您使用该在线知识社区的行为，您是否同意以下描述？（①表示完全不同意，⑦表示完全同意，①～⑦程度依次递增）

	在线知识社区契合	①～⑦程度依次递增						
1.1	我会浏览该在线知识社区中的信息，以便获取知识	①	②	③	④	⑤	⑥	⑦
1.2	我会与该在线知识社区中的信息交互（如点赞、分享）	①	②	③	④	⑤	⑥	⑦
1.3	我会在该在线知识社区中生成内容（如发表评论、提问、做笔记）	①	②	③	④	⑤	⑥	⑦

第二部分　用户赠送互联网知识型产品意愿调查

想象您最常交互的知识服务商 X 提供了购买互联网知识产品（如课程、讲座）赠送给好友的服务，产品价格为 99~199 元。试用产品后，如果您对产品满意，可以点击图标 <img 赠送好友>。付费之后，通过社交网站把产品链接分享给好友。好友在有效期内点击链接，便可领取在线知识产品，免费学习。

本部分是对您赠送互联网知识型产品的调查。各个数字代表题项与个人主观或实际情况的符合程度，根据您的实际感受或情况，选择相应选项。

```
--------1--------|--------2--------|--------3--------|--------4--------|--------5--------|--------6--------|--------7--------|
完全不同意    不同意   有点不同意    一般    有点同意    同意    完全同意
```

1. 关于赠送互联网知识产品知识价值方面感受，您是否同意下面的这些描述？

	知识价值	①～⑦程度依次递增						
1.1	X 出售的知识产品能满足接收者的知识需求	①	②	③	④	⑤	⑥	⑦
1.2	X 出售的知识产品以适当的形式（如适当的文字、图片、音频、摘要、生动的示例）呈现知识	①	②	③	④	⑤	⑥	⑦
1.3	X 平台上的付费知识产品提供了精确信息	①	②	③	④	⑤	⑥	⑦

2. 关于赠送互联网知识产品感知价格方面的感受，您是否同意下面的这些描述？

	价格公平	①~⑦程度依次递增						
2.1	X出售的知识产品价格合理	①	②	③	④	⑤	⑥	⑦
2.2	X出售的知识产品价格公平	①	②	③	④	⑤	⑥	⑦
2.3	X出售的知识产品价格是可以接受的	①	②	③	④	⑤	⑥	⑦

3.关于赠送互联网知识产品愉悦感方面的感受，您是否同意下面的这些描述？

	愉悦感	①~⑦程度依次递增						
3.1	赠送互联网知识产品令我很开心	①	②	③	④	⑤	⑥	⑦
3.2	我喜欢赠送互联网知识产品	①	②	③	④	⑤	⑥	⑦
3.3	赠送互联网知识产品令我很满意	①	②	③	④	⑤	⑥	⑦

4.关于赠送互联网知识产品关系支持方面的感受，您是否同意下面的这些描述？

	关系支持	①~⑦程度依次递增						
4.1	赠送互联网知识产品可以增强我与接收者的联系	①	②	③	④	⑤	⑥	⑦
4.2	赠送互联网知识产品使我与接收者建立了更好的个人联系	①	②	③	④	⑤	⑥	⑦
4.3	赠送互联网知识产品使我与接收者建立了更紧密的联系	①	②	③	④	⑤	⑥	⑦

5.关于赠送互联网知识产品互惠方面的感受，您是否同意下面的这些描述？

	互惠	①~⑦程度依次递增						
5.1	我相信，如果我赠送互联网知识产品，我会得到某种回报	①	②	③	④	⑤	⑥	⑦
5.2	当我赠送互联网知识产品时，我希望将来能得到回报	①	②	③	④	⑤	⑥	⑦
5.3	我相信赠送互联网知识产品，未来会以某种方式得到回报	①	②	③	④	⑤	⑥	⑦

6. 关于购买互联网知识产品赠送给朋友，您是否同意下面的这些描述？

	赠送意愿	①~⑦程度依次递增						
6.1	我很可能会考虑购买互联网知识产品送给他人	①	②	③	④	⑤	⑥	⑦
6.2	我非常愿意购买互联网知识产品送给他人	①	②	③	④	⑤	⑥	⑦
6.3	我购买互联网知识产品送给他人的可能性很高	①	②	③	④	⑤	⑥	⑦

第三部分　用户基本资料

1. 您的性别是：

A. 男　　　　　　　　B. 女

2. 您的年龄是：

A. 20 岁及以下　　　　B. 21~25 岁　　　　　C. 26~30 岁

D. 31~40 岁　　　　　D. 40 岁以上

3. 您的学历是：

A. 初中及以下　　　　B. 高中 / 中专 / 技校　　C. 大专

D. 本科　　　　　　　E. 硕士及以上

4. 您的职业是：

A. 企业从业人员　　　B. 政府、事业单位工作者

C. 个体经营者　　　　D. 学生　　　　　　　E. 其他

5. 您的家庭月收入是：

A. 5 000 元以下　　　B. 5 000 元~1 万元　　C. 1 万 ~1.5 万元

D. 1.5 万 ~2 万元　　E. 2 万元以上

问卷到此全部结束，感谢您的时间与参与，祝您生活愉快！

参 考 文 献

艾瑞咨询，2018. 中国在线知识付费市场研究报告 [EB/OL].（2018-03-28）[2019-01-15].
　　http：//report.iresearch.cn/report_pdf.aspx?id=3191.

艾媒咨询，2023.2022—2023 年中国知识付费行业研究及消费者行为分析报告 [EB/OL].
　　（2023-03-05）[2024-01-7]. https：//k.sina.com.cn/article_1850460740_6e4bca440190105bf.
　　html.

蔡冬松，吴玉浩，毕达天，2018. 微信视阈下知识链接的分享行为研究 [J]. 情报理论与实践，
　　41（12）：118-125.

常亚平，董学兵，2014. 虚拟社区消费信息内容特性对信息分享行为的影响研究 [J]. 情报杂
　　志（1）：204-211.

陈昊，焦微玲，李文立，2019. 消费者知识付费意愿实证研究——基于试用视角 [J]. 现代情
　　报，39（2）：136-144.

陈雷雷，林凤，何建佳，2019. 线上知识付费产品用户粘性实证研究 [J]. 科技与管理，21（6）：
　　36-43.

陈强，2010. 高级计量经济学及 Stata 应用（第二版)[M]. 北京：高等教育出版社 .

陈晓萍，徐淑英，樊景立，2008. 组织与管理研究的实证方法 [M]. 北京：北京大学出版社：
　　272-283.

邓锦峰，吴建华，袁勤俭,2021. 信息觅食理论的演化及其应用 [J]. 情报理论与实践,44（12）：
　　65-72.

杜丹清，2017. 互联网助推消费升级的动力机制研究 [J]. 经济学家，3（3）：48-54.

范建军，2018.移动知识付费平台评论分析——以"得到"App 为例 [J]. 图书馆学研究，40（5）：67-70，82.

范钧，2017. 微信公众号推送内容特性对用户持续使用意愿的影响 [J]. 商业经济与管理，37（8）：69-78.

范明志，2017."知识付费"是否需要新法律"保驾护航"[J]. 人民论坛，24（7）：103-105.

方爱华，陆朦朦，刘坤锋，2018.虚拟社区用户知识付费意愿实证研究 [J]. 图书情报工作，62（6）：105-115.

方军，2017. 知识付费：互联网知识经济的兴起 [J]. 互联网经济，4（5）：72-77.

金晓玲，冯慧慧，周中允，2017. 微信朋友圈中健康信息传播行为研究 [J]. 管理科学，30（1）：73-82.

雷羽尚，杨海龙，2019. 打赏商业模式的动态互动机制研究——基于面板 VAR 模型 [J]. 管理评论，31（9）：169-183.

李凯，黄敬尧，王晓文，2016. LBS 用户信息公开意愿影响因素分析——基于交换理论的实证研究 [J]. 情报学报，35（1）：84-97.

李武，艾鹏亚，宾锋，2019.粉丝力量与知识付费：在线问答平台用户付费围观行为研究 [J]. 图书馆杂志，38（4）：74-81.

李武，艾鹏亚，谢蓉，2018a. 基于感知价值视角的在线付费问答平台用户付费意愿研究 [J]. 图书情报知识，184（4）：6-16.

李武，艾鹏亚，许耀心，2018b. 在线付费问答平台的用户付费模式及付费意愿研究 [J]. 图书情报工作，62（13）：24-29.

李研，金慧贞，李东进，2018. 社交网络情境下消费者口碑生成的影响因素模型：基于真实口碑文本的扎根研究 [J]. 南开管理评论，21（6）：83-94.

刘雷，2017. 知识付费行为的影响因素分析及发展对策探究 [J]. 中国管理信息化，21（20）：147-149.

刘征驰，马滔，申继禄，2018. 个性定制、价值感知与知识付费定价策略 [J]. 管理学报，15（12）：113-120.

刘周颖，赵宇翔，2017. 基于语音互动的付费知识问答社区运营模式初探——以分答和值乎为例 [J]. 图书与情报，37（4）：38-46.

卢恒，张向先，张莉曼，2019. 语音问答社区用户知识付费意愿影响因素研究——基于现状偏差的视角 [J]. 情报科学，40（6）：119-125，162.

孟嘉，邓小昭，2022. 在线问答平台用户付费围观行为路径及影响因素研究 [J]. 情报理论与实践，4（54）：146-153.

彭晨明，张莎，赵红，2016. 如何让你的微信帖子更受欢迎？——基于知名品牌微信运营数据的实证研究 [J]. 管理评论，28（12）：176-186.

秦芬，李扬，2018. 用户生成内容激励机制研究综述及展望 [J]. 外国经济与管理，40（8）：141-152.

秦芬，严建援，李凯，2019. 知识型微信公众号的内容特征对个人使用行为的影响研究 [J]. 情报理论与实践，42（7）：106-112.

齐托托，白如玉，王天梅，2021. 基于信息采纳模型的知识付费行为研究——产品类型的调节效应 [J]. 数据分析与知识发现，5（12）：60-73.

孙宝新，2018. "打卡"新义新用 [J]. 语文建设，63（9）：71-72.

孙金花，刘芃，胡健，2019. 感知知识个人所有权与隐性知识共享意愿 [J]. 现代情报，39（5）：80-88.

孙挺，夏立新，2021. 社会化阅读用户不持续使用意愿实证研究 [J]. 图书馆论坛，41（5）：60-69.

王传珍，2017. 知识付费奇点与未来 [J]. 互联网经济，4（1）：68-73.

王雪莲，李嫄，高凯凯，等，2024. 订阅型在线知识付费产品用户体验价值的层级路径研究 [J]. 中国管理科学，32（5）：315-324.

肖雪，李敏，秦馨怡等，2023. 虚拟阅读社区用户互动特征与影响因素 [J]. 图书馆论坛，43(8)：109-119.

肖叶飞，2022. 著作权视角下知识付费行业的侵权行为分析 [J]. 编辑之友，（5）：77-82.

新榜，2018. 2017 年知识付费年度报告 [R/OL].（2018-03-06）[2019-11-12]. http：//www.199it. com/archives/696233.html.

邢绍艳，朱学芳，2022. 付费知识直播用户流失预测实证研究 [J]. 信息资源管理学报，12（4）：121-130，140.

邢小强，周平录，2019. 互联网知识付费的商业模式研究 [J]. 管理评论，31（7）：75-85.

严建援，秦芬，李凯，2019. 订阅型在线知识付费的商业模式研究 [J]. 管理学报，16（9）：1405-1414.

杨学成，兰冰，孙飞，2015. 品牌微博如何吸引粉丝互动——基于 CMC 理论的实证研究 [J]. 管理评论，27（1）：158-168.

易观，2017. 2017 中国知识付费行业发展报告 [R/OL].（2017-12-05）[2019-11-12]. https：//www.useit.com.cn/thread-17334-1-1.html.

易明，张雪，李梓奇，2022. 社交网络中辟谣信息传播效果的影响因素研究 [J]. 情报科学，40（5）：3-10，18.

俞庆进，张兵，2012. 投资者有限关注与股票收益——以百度指数作为关注度的一项实证研究 [J]. 金融研究，32（8）：152-165.

喻国明，郭超凯，2017. 线上知识付费：主要类型、形态架构与发展模式 [J]. 编辑学刊，32（5）：6-11.

曾慧，郝辽钢，于贞朋，2018. 好评奖励能改变消费者的在线评论吗？——奖励计划在网络口碑中的影响研究 [J]. 管理评论，30（2）：117-126.

张春晓，2017. 基于双边市场理论的知识付费平台定价机制研究 [J]. 吉林工商学院学报，33（4）：32-35.

张洁梅，王昊，2024. 目标框架对订阅型知识付费意愿的影响研究 [J]. 科研管理，45（2）：200-208.

张恒军，孙冬惠，2011. 网络新闻标题的语言特色 [J]. 新闻界，27（2）：86-88.

张立党，周质明，胡泽鹏，2018. 使用需求和媒介丰富度对微信用户收藏行为的作用机制研究 [J]. 现代情报，38（3）：66-72.

张君慧，2017. 在线品牌社区顾客契合演化与结果研究 [D]. 哈尔滨：哈尔滨工业大学 .

张清雅，2022. 在线用户知识付费间歇性中辍行为研究 [D]. 长沙：湖南大学 .

张帅，王文韬，李晶，2017. 用户在线知识付费行为影响因素研究 [J]. 图书情报工作，61（10）：94-100.

张艳丰，刘亚丽，彭丽徽，等，2020. 移动社交媒体倦怠行为的影响因素与作用路径研究 [J]. 图书情报工作，64（13）：111-119.

张杨燊，彭子健，刘齐凯，2018. 问答平台用户付费围观持续参与意愿的影响因素 [J]. 图书馆论坛，38（6）：86-94.

张颖，朱庆华，2018. 付费知识问答社区中提问者的答主选择行为研究 [J]. 情报理论与实践，41（12）：21-26.

赵保国，姚瑶，2017. 用户持续使用知识付费 App 意愿的影响因素研究 [J]. 图书馆学研究，36（17）：96-101.

赵菲菲，渠性怡，周庆山，2019. 在线问答社区用户知识付费意愿影响因素实证研究 [J]. 情报资料工作，40（1）：89-97.

赵庆亮，王培勇，陈吉，2019. 付费问答社区用户围观行为研究 [J]. 数字图书馆论坛，8（11）：12-20.

赵杨，袁析妮，李露琪，等，2018. 基于社会资本理论的问答平台用户知识付费行为影响因素研究 [J]. 图书情报知识（4）：15-23.

赵宇翔，刘周颖，宋士杰，2019. 从免费到付费：在线知识问答平台用户标识对回答者转移行为的影响 [J]. 图书与情报，38（2）：16-28.

周涛，檀齐，Takirova Bayan，等，2019a. 社会交互对用户知识付费意愿的作用机理研究 [J]. 图书情报工作，63（4）：94-100.

周涛，檀齐，邓胜利，2019b. 基于 IS 成功模型的知识付费用户行为研究 [J]. 现代情报，39（8）：59-65.

朱光，颜燊，2024. 双重信任视角下社会化问答社区知识付费意愿的影响机制研究 [J]. 情报科学，42（03）：52-63.

朱琳，汪蕾，陈长，等，2014. 网络信息传播的从众行为研究——以微博为例 [J]. 现代情报，34（12）：17-22.

邹伯涵，罗浩，2017. 知识付费——以开放、共享、付费为核心的知识传播模式 [J]. 新媒体研究，3（11）：110-112.

ACHTERBERG W，POT A M，KERKSTRA A，et al.，2003. The effect of depression on social engagement in newly admitted Dutch nursing home residents [J]. The Gerontologist，43（2）：213-218.

AHRENS J, COYLE J R, STRAHILEVITZ M A, 2013. Electronic word of mouth: The effects of incentives on e-referrals by senders and receivers [J]. European Journal of Marketing, 47 (7): 1034-1051.

AIKEN L S, WEST S G, RENO R R, 1991. Multiple regression: Testing and interpreting interactions [M]. Newbury Park: Sage.

ALEXANDROV A, LILLY B, BABAKUS E, 2013. The effects of social- and self-motives on the intentions to share positive and negative word of mouth [J]. Journal of the Academy of Marketing Science, 41 (5): 531-546.

AJZEN I, 2002. Residual effects of past on later behavior: Habituation and reasoned action perspectives [J]. Personality and Social Psychology Review, 6 (2): 107-122.

BANDURA A, 1978. Social learning theory of aggression [J]. Journal of Communication, 28 (3): 12-29.

BAPNA S, BENNER M J, QIU L, 2019. Nurturing Online Communities: An empirical investigation [J]. Management Information Systems Quarterly, 43 (2): 425-452.

BASKIN E, WAKSLAK C J, TROPE Y, et al., 2014. Why feasibility matters more to gift receivers than to givers: A construal-level approach to gift giving [J]. Journal of Consumer Research, 41 (1): 169-182.

BECKERS S F M, VAN DOORN J, VERHOEF P C, 2018. Good, better, engaged? The effect of company-initiated customer engagement behavior on shareholder value [J]. Journal of the Academy of Marketing Science, 46 (3): 366-383.

BEJERHOLM U, EKLUND M, 2007. Occupational engagement in persons with schizophrenia: Relationships to self-related variables, psychopathology, and quality of life [J]. American Journal of Occupational Therapy, 61 (1): 21-32.

BERGER J, 2014. Word of mouth and interpersonal communication: A review and directions for future research [J]. Journal of Consumer Psychology, 24 (4): 586-607.

BITTER S, SONJA G K, 2016. Consequences of customer engagement behavior: When negative Facebook posts have positive effects [J]. Electronic Markets, 26 (3): 219-231.

BLAU P M, 1964. Exchange and power in social life [M]. New York: John Wiley.

BRAKUS J J, SCHMITT B H, ZARANTONELLO L, 2009. Brand experience: what is it? How is it measured? Does it affect loyalty? [J]. Journal of marketing, 73 (3): 52-68.

BRODIE R J, HOLLEBEEK L D, JURIĆ B, et al., 2011. Customer engagement: Conceptual domain, fundamental propositions, and implications for research [J]. Journal of Service Research, 14 (3): 252-271.

CAI S, LUO Q, FU X, Et al., 2020. What drives the sales of paid knowledge products? A two-phase approach [J]. Information & Management, 57 (5): 103264.

CALDER B J, ISAAC M S, MALTHOUSE E C, 2013. Taking the customer's point-of-view: Engagement or satisfaction [J]. Marketing Science Institute Working Paper Series, 13-102.

CALDER B J, MALTHOUSE E C, SCHAEDEL U, 2009. An experimental study of the relationship between online engagement and advertising effectiveness [J]. Journal of Interactive Marketing, 23 (4): 321-331.

CANTRIL H, 1941. Professor quiz: A gratifications study [J]. Lazarsfeld P F, Stanton F. Radio research [C] // New York: Duell, Sloan & Pearce.

CARLSON J, RAHMAN M M, TAYLOR A, et al., 2019. Feel the VIBE: Examining value-in-the-brand-page-experience and its impact on satisfaction and customer engagement behaviours in mobile social media [J]. Journal of Retailing and Consumer Services, (46): 149-162.

CARVER C S, SCHEIER M F, 1990. Origins and functions of positive and negative affect: A control-process view [J]. Psychological Review, 97 (1): 19-35.

CHAFFEY D, 2007. Customer engagement interview with Richard Sedley of cScape [EB/OL]. (2007-04-29) [2018-8-20]. https://www.smartinsights.com/customer engagement/customer-engagement-strategy/customer-engagement-interview-with-richard-sedley-of-cscape/.

CHAIKEN S, 1987. The heuristic model of persuasion [J]. Social influence: The Ontario symposium [C] // Hillsdale, NJ: Erlbaum, (5): 3-39.

CHAKRABARTI R, BERTHON P, 2012. Gift giving and social emotions: Experience as content [J]. Journal of Public Affairs, 12 (2): 154-161.

CHANG K T T, CHEN W, TAN B C Y, 2012. Advertising effectiveness in social networking sites: Social ties, expertise, and product type [J]. IEEE Transactions on Engineering Management, 59 (4): 634-643.

CHEN W, WEI X, ZHU K, 2018. Engaging voluntary contributions in online communities: a hidden markov model [J]. Management Information Systems Quarterly, 42（1）: 83-100.

CHEN Z, 2017. Social acceptance and word of mouth: How the motive to belong leads to divergent WOM with strangers and friends [J]. Journal of Consumer Research, 44（3）: 613-632.

CHEUNG C M K, SHEN X, LEE Z W Y, Chan T K H, 2015. Promoting sales of online games through customer engagement [J]. Electronic Commerce Research and Applications, 14（4）: 241-250.

CHEUNG C M K, LEE M K O, 2012. What drives consumers to spread electronic word of mouth in online consumer-opinion platforms [J]. Decision Support Systems, 53（1）: 218-225.

CHEUNG C, LEE M, JIN X, 2011. Customer engagement in an online social platform: A conceptual model and scale development[C]// Thirty second international conference on Information System, Shanghai: 1-8.

CHOI Y H, BAZAROVA N N, 2015. Self-disclosure characteristics and motivations in social media: Extending the functional model to multiple social network sites [J]. Human Communication Research, 41（4）: 480-500.

CHU S C, KIM Y, 2011. Determinants of consumer engagement in electronic word-of-mouth（eWOM）in social networking sites [J]. International Journal of Advertising, 30（1）: 47-75.

CHUNG N, KICHAN N, CHULMO K, 2016. Examining information sharing in social networking communities: Applying theories of social capital and attachment [J]. Telematics and Informatics, 33（1）: 77-91.

CHYI H I, 2005. Willingness to pay for online news: An empirical study on the viability of the subscription model [J]. Journal of Media Economics, 18（2）: 131-142.

CLAFFEY E, BRADY M, 2017. Examining consumers' motivations to engage in firm-hosted virtual communities [J]. Psychology & Marketing, 34（4）: 356-375.

CORBIN J M, STRAUSS A, 1990. Grounded theory research: Procedures, canons, and evaluative criteria [J]. Qualitative Sociology, 13（1）: 3-21.

CORCIOLANI M, DALLI D, 2014. Gift-giving, sharing and commodity exchange at

Bookcrossing. Com：new insights from a qualitative analysis [J]. Management Decision,52（4）：755-776.

CROPANZANO R，MITCHELL M S，2005. Social exchange theory：An interdisciplinary review [J]. Journal of Managemen，31（6）：874-900.

CVIJIKJ I P，MICHAHELLES F，2013. Online engagement factors on Facebook brand pages [J]. Social Network Analysis & Mining，3（4）：843-861.

DESSART L,2017. Social media engagement：A model of antecedents and relational outcomes [J]. Journal of Marketing Management，33（5-6）：375-399.

DIAMANTOPOULOS A，SIGUAW J A，2006. Formative versus reflective indicators in organizational measure development：A comparison and empirical illustration [J]. British Journal of Management，17（4）：263-282.

DICICCO-BLOOM B，CRABTREE B F，2006. The qualitative research interview [J]. Medical education，40（4）：314-321.

DOLAN R，CONDUIT J，FRETHEY-BENTHAM C，et al.，2019. Social media engagement behavior：A framework for engaging customers through social media content [J]. European Journal of Marketing，53（10）：2213-2243.

DOVALIENE A，MASIULYTE A，PILIGRIMIENE Z，2015. The relations between customer engagement，perceived value and satisfaction：The case of mobile applications [J]. Procedia-Social and Behavioral Sciences，（213）：659-664.

DUTTA S，2012. Analyzing consumer intention to pay for online content：A systematic approach [J]. Journal of Theoretical and Applied Information Technology，31（1）：89-102.

EAGLY A H，ASHMORE R D，MAKHIJANI M G，et al.，1991. What is beautiful is good，but：A meta-analytic review of research on the physical attractiveness stereotype [J]. Psychological Bulletin，110（1）：109-128.

ELBERSE A，ELIASHBERG J，2003. Demand and supply dynamics for sequentially released products in international markets：The case of motion pictures [J]. Marketing Science，22（3）：329-354.

EMERSON R M，1976. Social exchange theory [J]. Annual Review of Sociology，2（1）：335-362.

FANG J, CHEN L, WANG X, et al., 2018. Not all posts are treated equal: An empirical investigation of post replying behavior in an online travel community [J]. Information & Management, 55 (7): 890-900.

FRANKE N, SCHREIER M, KAISER U, 2010. The "I designed it myself " effect in mass customization [J]. Management Science, 56 (1): 125-140.

FREITAS F, ALMEIDA V M C, 2017. Theoretical model of engagement in the context of brand communities [J]. Brazilian Business Review, 14 (1): 86-107.

FU H, OH S, 2019. Quality assessment of answers with user-identified criteria and data-driven features in social Q&A [J]. Information Processing & Management, 56 (1): 14-28.

GAN C, LI H, 2018. Understanding the effects of gratifications on the continuance intention to use WeChat in China: A perspective on uses and gratifications [J]. Computers in Human Behavior, 78: 306-315.

GIBSON J J, 2014. The ecological approach to visual perception [M]. New York: Psychology Press.

GIESLER M, 2006. Consumer gift systems [J]. Journal of Consumer Research, 33 (2): 283-290.

GIMPEL H, NIßEN M, GÖRLITZ R, 2013. Quantifying the quantified self: A study on the motivations of patients to track their own health [C] // Thirty fourth international conference on information systems, Milan.

GLASER B G, STRAUSS A L, 2017. Discovery of grounded theory: Strategies for qualitative research [M]. Routledge.

GOODWIN C, SMITH K L, SPIGGLE S, 1990. Gift giving: Consumer motivation and the gift purchase process [J]. Advances Consumer Research, (17): 690-698.

GOULDING C, 1998. Grounded theory: The missing methodology on the interpretivist agenda [J]. Qualitative Market Research: An International Journal, 1 (1): 50-57.

GREWAL D, HARDESTY D M, IYER G R, 2004. The effects of buyer identification and purchase timing onconsumers' perceptions of trust, price fairness, and repurchase intentions [J]. Journal of Interactive Marketing, 18 (4): 87-100.

GUAN T, WANG L, JIN J, et al., 2018. Knowledge contribution behavior in online Q&A communities: An empirical investigation [J]. Computers in Human Behavior, (81): 137-147.

GUMMERUS J, LILJANDER V, WEMAN E, et al., 2012. Customer engagement in a Facebook brand community [J]. Management Research, 35 (9): 857-877.

GUPTA S, KIM H W, 2010. Value-driven internet shopping: The mental accounting theory perspective [J]. Psychology and Marketing, 27 (1): 13-36.

HAIR J F, SARSTEDT M, RINGLE C M, et al., 2012. An assessment of the use of partial least squares structural equation modeling in marketing research [J]. Journal of the Academy of Marketing Science, 40 (3): 414-433.

HAIR J F, RINGLE C M, SARSTEDT M, 2013. Partial least squares structural equation modeling: Rigorous applications, better results and higher acceptance [J]. Long range planning, 46 (1-2): 1-12.

HAMARI J, HANNER N, KOIVISTO J, 2019. "Why pay premium in freemium services?" A study on perceived value, continued use and purchase intentions in free-to-play games [J]. International Journal of Information Management: 102040.

HANSEN R A, 1980. A self-perception interpretation of the effect of monetary and nonmonetary incentives on mail survey respondent behavior [J]. Journal of Marketing Research, 17 (1): 77-83.

HARMELING C M, MOFFETT J W, ARNOLD M J, et al., 2017. Toward a theory of customer engagement marketing [J]. Journal of the Academy of marketing science, 45 (3): 312-335.

HARPER F M, RABAN D, RAFAELI S, et al., 2008. Predictors of answer quality in online Q&A sites [C] // Proceedings of the SIGCHI Conference on Human Factors in Computing Systems: 865-874: ACM.

HEIMBACH I, HINZ O, 2018. The Impact of Sharing Mechanism Design on Content Sharing in Online Social Networks [J]. Information Systems Research, 29 (3): 592-611.

HENNIG-THURAU T, GWINNER K P, WALSH G, et al., 2004. Electronic word-of-mouth via consumer-opinion platforms: What motivates consumers to articulate themselves on the Internet [J]? Journal of Interactive Marketing, 18 (1): 38-52.

HILVERT-BRUCE Z, NEILL J T, SJÖBLOM M, et al., 2018. Social motivations of live-streaming viewer engagement on Twitch [J]. Computers in Human Behavior, (84): 58-67.

HO J Y C, DEMPSEY M, 2010. Viral marketing: Motivations to forward online content [J]. Journal of Business research, 63 (9-10): 1000-1006.

HOFFMAN D L, FODOR M, 2010. Can you measure the ROI of your social media marketing? [J]. MIT Sloan Management Review, 52（1）: 41-49.

HOLLEBEEK L D, GLYNN M S, BRODIE R J, 2014. Consumer Brand Engagement in Social Media: Conceptualization, Scale Development and Validation [J]. Journal of Interactive Marketing, 28（2）: 149-165.

HOLLEBEEK L, 2011. Exploring customer brand engagement: Definition and themes [J]. Journal of strategic Marketing, 19（7）: 555-573.

HOMANS G C, 1961. Social Behaviour: Its Elementary Forms [M]. London: Routledge & Kegan Paul.

HSIAO K L, CHEN C C, 2016. What drives in-app purchase intention for mobile games? An examination of perceived values and loyalty [J]. Electronic Commerce Research and Applications, 16: 18-29.

HU S, 2010. Scholarship awards, college choice, and student engagement in college activities: A study of high-achieving low-income students of color [J]. Journal of College Student Development, 51（2）: 150-161.

ISLAM J U, HOLLEBEEK L D, RAHMAN Z, KHAN I, RASOOL A, 2019. Customer engagement in the service context: An empirical investigation of the construct, its antecedents and consequences [J]. Journal of Retailing and Consumer Services,（50）: 277-285.

JAAKKOLA E, ALEXANDER M, 2014. The role of customer engagement behavior in value co-creation: A service system perspective [J]. Journal of Service Research, 17（3）: 247-261.

JAFARI M, AMIRI R H, BOUROUNI A, 2009. A System Dynamics Model for Analyzing Researchers' Behavior in Fee-based Online Knowledge Markets [J]. International Business Research, 2（3）: 64-71.

JAMES R. COYLE, ESTHER THORSON, 2001. The Effects of Progressive Levels of Interactivity and Vividness in Web Marketing Sites [J]. Journal of Advertising, 30（3）: 65-77.

JAN S T K, WANG C, ZHANG Q, et al., 2018. Pay-per-Question: Towards Targeted Q&A with Payments [C] // ACM Conference on Supporting Groupwork. ACM: 1-11. Sanibel Island, Florida, USA. January: 7-10.

JEON Y J, RIEH S Y, 2015. Social search behavior in a social Q&A service: Goals, strategies, and outcomes [J]. Proceedings of the Association for Information Science and Technology, 52 (1): 1-10.

JIN J H, LI Y J, ZHONG X J, LI ZH, 2015. Why users contribute knowledge to online communities: An empirical study of an online social Q&A community [J]. Information & Management, 52 (7): 840-849.

JIN L, HUANG Y, 2014. When giving money does not work: The differential effects of monetary versus in-kind rewards in referral reward programs [J]. International Journal of Research in Marketing, 31 (1): 107-116.

JORGENSEN D L, 2015. Emerging trends in the social and behavioral sciences: An interdisciplinary, searchable, and linkable resource [J]. Participant Observation: 1-15.

KAHN W A, 1990. Psychological conditions of personal engagement and disengagement at work [J]. Academy of Management Journal, 33 (4): 692-724.

KAHNEMAN D, TVERSKY A, 1979. The prospect theory: An analysis of decision under risk [J]. Econmetrica, 47 (2): 263-291.

KANE G C, ALAVI M, LABIANCA G, et al., 2014. What's different about social media networks: A framework and research agenda [J]. Management Information Systems Quarterly, 38 (1): 274-304.

KANG M, 2018. Active users' knowledge-sharing continuance on social Q&A sites: Motivators and hygiene factors [J]. Aslib Journal of Information Management, 70 (2): 214-232.

KANKANHALLI A, TAN B C Y, WEI K K, 2005. Contributing knowledge to electronic knowledge repositories: An empirical investigation [J]. MIS Quarterly, 29 (1): 113-143.

KAPLAN A M, HAENLEIN M, 2010. Users of the world, unite! The challenges and opportunities of Social Media [J]. Business Horizons, 53 (1): 59-68.

KELLY L, KERR G, DRENNAN J, 2010. Avoidance of advertising in social networking sites: The teenage perspective [J]. Journal of Interactive Advertising, 10 (2): 16-27.

KIETZMANN J H, HERNKENS K, MCCARTHY I P, et al., 2011. Social media? Get serious! Understanding the functional building blocks of social media [J]. Business Horizons, 54 (3): 241-251.

KIM H W, KANKANHALLI A, LEE S H, 2018. Examining gifting through social network services: A social exchange theory perspective [J]. Information Systems Research, 29 (4): 805-828.

KIM S, OH S, 2009. Users' relevance criteria for evaluating answers in a social Q&A site [J]. Journal of the Association for Information Science and Technology, 60 (4): 716-727.

KLAMER A, 2003. 30 Gift economy [J]. A Handbook of Cultural Economics: 241-247.

KRASNOVA H, SPIEKERMANN S, KOROLEVA K, et al., 2010. Online social networks: Why we disclose [J]. Journal of Information Technology, 25 (2): 109-125.

KUANG L, HUANG N, HONG Y, et al., 2019. Spillover Effects of Financial Incentives on Non-Incentivized User Engagement: Evidence from an Online Knowledge Exchange Platform [J]. Journal of Management Information Systems, 36 (1): 289-320.

KUHLTHAU C C, 1991. Inside the search process: information seeking from the user's perspective [J]. Journal of the American Society for Information Science, 42 (5): 361-371.

KUMAR V, AKSOY L, DONKERS B, et al., 2010. Undervalued or overvalued customers: capturing total customer engagement value [J]. Journal of Service Research, 13 (3): 297-310.

KUMAR V, RAJAN B, GUPTA S, et al., 2019. Customer engagement in service [J]. Journal of the Academy of Marketing Science, 47 (4): 138-160.

KWON H, KOLEVA B, SCHNÄDELBACH H, et al., 2017. It's Not Yet A Gift: Understanding Digital Gifting [C] // Proceedings of the 2017 ACM Conference on Computer Supported Cooperative Work and Social Computing. ACM: 2372-2384.

LAMPEL J, BHALLA A 2007. The role of status seeking in online communities: Giving the gift of experience [J]. Journal of Computer-Mediated Communication, 12 (2): 434-455.

LARS K H, ADAM A, FINN A N, et al., 2011.Good Friends, Bad News——Affect and Virality in Twitter [J].Communications in Computer and Information Science, 185: 34-43.

LEE C, OFEK E, STEENBURGH T J, 2017. Personal and Social Usage: The Origins of Active Customers and Ways to Keep Them Engaged [J]. Management Science, 63 (6): 1-23.

LEE D, HOSANAGAR K, NAIR H S, 2018. Advertising content and consumer engagement on social media: Evidence from Facebook [J]. Management Science, 64 (11): 5105-5131.

LEE D, KIM H S, KIM J K, 2011. The impact of online brand community type on consumer's community engagement behaviors: Consumer-created vs. marketer-created online brand community in online social-networking web sites [J]. Cyberpsychology, Behavior, and Social Networking, 14（1-2）：59-63.

LEE S H, CHOI S J, KIM H W, 2020. What makes people send gifts via social network services? A mixed methods approach [J]. Internet Research, 30（1）：315-334.

LEMON K N, VERHOEF P C, 2016. Understanding customer experience throughout the customer journey [J]. Journal of Marketing, 80（6）：69-96.

LEVY M, 1999. Revolutionizing the retail pricing game [J]. Discount Store News, 38（18）：15-15.

LI F, DU T C, 2011.Who Is Talking? An Ontology-based Opinion Leader Identification Framework for Word-of-mouth Marketing in Online Social Blogs [J]. Decision Support Systems, 51（1）：190-197.

LI H, LIU Y, XU X, et al., 2015. Modeling hedonic is continuance through the uses and gratifications theory: An empirical study in online games [J]. Computers in Human Behavior, （48）：261-272.

LI H, SARATHY R, XU H, 2010. Understanding situational online information disclosure as a privacy calculus [J]. Journal of Computer Information Systems, 51（1）：62-71.

LIN T C, HSU J S C, CHEN H C, 2013. Customer willingness to pay for online music: The role of free mentality [J]. Journal of Electronic Commerce Research, 14（4）：315-333.

LIU X, LI Y, XU S, 2021. Assessing the Unacquainted Inferred Reviewer Personality and Review Helpfulness [J]. MIS Quarterly, 45（3）：1113-1148.

LIU Z, JANSEN B J, 2018. Questioner or question: Predicting the response rate in social question and answering on Sina Weibo [J]. Information Processing & Management, 54（2）：159-174.

LIU Z, MIN Q, ZHAI Q, et al., 2016. Self-disclosure in Chinese micro-blogging: A social exchange theory perspective [J]. Information & Management, 53（1）：53-63.

LOHMOLLER J B, 1988. The PLS program system: Latent variables path analysis with partial least squares estimation [J]. Multivariate Behavioral Research, 23（1）：125-127.

LONDON B, DOWNEY G, MACE S, 2007. Psychological theories of educational engagement: A multi-method approach to studying individual engagement and institutional change [J]. Vanderbilt Law Review, 60 (2): 455-481.

LOPES A B, GALLETTA D F, 2006. Consumer perceptions and willingness to pay for intrinsically motivated online content [J]. Journal of Management Information Systems, 23 (2): 203-231.

LOU J, FANG Y, LIM K H, et al., 2013. Contributing high quantity and quality knowledge to online Q & A communities [J]. Journal of the American Society for Information Science and Technology, 64 (2): 356-371.

LUARN P, LIN Y F, CHIU Y P, 2015. Influence of Facebook brand-page posts on online engagement [J]. Online Information Review, 39 (4): 505-519.

LUPTON D, 2014. Self-tracking modes: Reflexive self-monitoring and data practices [J]. SSRN Electronic Journal, 391 (1): 547-551.

MA W W K, CHAN A, 2014. Knowledge sharing and social media: Altruism, perceived online attachment motivation, and perceived online relationship commitment [J]. Computers in Human Behavior, 39 (10): 51-58.

MAMONOV S, BENBUNAN-FICH R, 2017. Exploring factors affecting social e-commerce service adoption: The case of facebook gifts [J]. International Journal of Information Management, 37 (6): 590-600.

MARBACH J, LAGES C R, NUNAN D, 2016. Who are you and what do you value? Investigating the role of personality traits and customer-perceived value in online customer engagement [J]. Journal of Marketing Management, 32 (5-6): 502-525.

MASLACH C, SCHAUFELI W B, LEITER M P, 2001. Job burnout [J]. Annual Review of Psychology, 52 (1): 397-422.

MATHWICK C, MALHOTRA N, RIGDON E, 2001. Experiential value: conceptualization, measurement and application in the catalog and Internet shopping environment [J]. Journal of Retailing, 77 (1): 39-56.

MATTHEWS G, WARM J S, REINERMAN-JONES L E, et al., 2010. Task engagement, cerebral blood flow velocity, and diagnostic monitoring for sustained attention [J]. Journal of Experimental Psychology: Applied, 16（2）: 187-203.

MEUTER M L, MCCABE D B, CURRAN J M, 2013. Electronic word-of-mouth versus interpersonal word-of-mouth: Are all forms of word-of-mouth equally influential [J]. Services Marketing Quarterly, 34（3）: 240-256.

MINICHIELLO V, ARONI R, HAYS T N, 2008. In-depth interviewing: Principles, techniques, analysis [M]. Melborne: Pearson Education Australia.

MITCHELL M F, 1997. Productive physical education pedagogy scholars: Why they do it and how [J]. Journal of Teaching in Physical Education, 16（3）: 278-299.

MOGILNER C, AAKER J, KAMVAR S D, 2012. How Happiness Affects Choice [J]. Journal of Consumer Research, 39（2）: 429-443.

MOLDOVAN S, GOLDENBERG J, CHATTOPADHYAY A, 2011. The Different Roles of Product Originality and Usefulness in Generating Word of Mouth [J]. International Journal of Research in Marketing, 28（2）: 109-119.

MOLM L D, 1997. Coercive Power in Social Exchange [J]. Contemporary Sociology, 27（5）: 489.

MONDAK J J, HIBBING M V, CANACHE D, et al., 2010. Personality and civic engagement: An integrative framework for the study of trait effects on political behavior [J]. American Political Science Review, 104（1）: 85-110.

MONTGOMERY D C, PECK E A, Vining G G, 2012. Introduction to linear regression analysis [M]. Hoboken: John Wiley & Sons.

MOODY G D, GALLETTA D F, 2015. Lost in cyberspace: The impact of information scent and time constraints on stress, performance, and attitudes online [J]. Journal of Management Information Systems, 32（1）: 192-224.

MOORMAN C, ZALTMAN G, DESHPANDE R, 1992. Relationships between providers and users of market research: The dynamics of trust within and between organizations [J]. Journal of Marketing Research, 29（3）: 314-328.

MUNAR A M, JACOBSEN J K S, 2014. Motivations for sharing tourism experiences through social media [J]. Tourism management, （43）: 46-54.

NESHATI M, 2017. On early detection of high voted q&a on stack overflow [J]. Information Processing & Management, 53（4）：780-798.

OH C, ROUMANI Y, NWANKPA J K, et al., 2017. Beyond likes and tweets: Consumer engagement behavior and movie box office in social media [J]. Information & Management, 54 （1）：25-37.

OH H, ANIMESH A, PINSONNEAULT A, 2016. Free versus for-a-fee：The impact of a paywall on the pattern and effectiveness of word-of-mouth via social media [J]. MIS Quarterly, 40（1）：31-56.

OKADA E M,2005. Justification Effects on Consumer Choice of Hedonic and Utilitarian Goods. [J]. Journal of Marketing Research, 42（1）：43-53.

OUZTS K, 2006. Sense of Community in Online Courses [J]. Quarterly Review of Distance Education, 7（3）：285-296.

PANSARI A, KUMAR V, 2017. Customer engagement：The construct, antecedents, and consequences [J]. Journal of the Academy of Marketing Science, 45（3）：294-311.

PATTERSON P, TING Y, KO DE R, 2006. Understanding customer engagement in services [C] // Advancing theory, maintaining relevance, proceedings of ANZMAC 2006 conference, Brisbane.

PAYNE J W, JOHNSON E J, BETTMAN J R, et al., 1990. Understanding contingent choice：a computer simulation approach [J]. Systems Man & Cybernetics IEEE Transactions on,20（2）：296-309.

PEARSON E, 2007. Digital gifts：Participation and gift exchange in Livejournal communities [J]. First Monday, 12（5）.

PIROLLI P, CARD S, 1999. Information foraging [J]. Psychological Review, 106（4）：643.

PHILLIPS B J, MCQUARRIE E F, 2010. Narrative and Persuasion in Fashion Advertising [J]. Journal of Consumer Research, 37（3）：368-392.

PIROLLI P, 2007. Information Foraging Theory：Adaptive Interaction with Information [M]. New York：Oxford University Press.

POSEY C, LOWRY P B, ROBERTS T L, et al., 2010. Proposing the online community self-disclosure model: The case of working professionals in France and the UK who use online communities [J]. European Journal of Information Systems, 19 (2): 181-195.

PREACHER K J, HAYES A F, 2008. Asymptotic and resampling strategies for assessing and comparing indirect effects in multiple mediator models [J]. Behavior Research Methods, 40 (3): 879-891.

PRENTICE C, LOUREIRO S M C, 2018. Consumer-based approach to customer engagement-The case of luxury brands [J]. Journal of Retailing and Consumer Services, (43): 325-332.

QI T, WANG T, MA Y, Zhou X, 2019. Knowledge payment research: Status quo and key issues [J]. International Journal of Crowd Science, 3 (2): 117-137.

RAY S, KIM S S, MORRIS J G, 2014. The Central Role of Engagement in Online Communities [J]. Information Systems Research, 25 (3): 528-546.

REGO L L, BILLETT M T, MORGAN N A, 2009. Consumer-based brand equity and firm risk [J]. Journal of Marketing, 73 (6): 47-60.

RESNICK E, 2001. Defining engagement [J]. Journal of International Affairs, 54 (2): 551-566.

RHEINGOLD H, 2000. The Virtual Community: Homesteading on the Electronic Frontier [M]. Cambridge: MIT Press.

ROSEN P, SHERMAN P, 2006. Hedonic information systems: Acceptance of social networking websites [C] // AMCIS 2006 Proceedings, Acapulco, Mexico: 162.

ROSSMANN A, RANJAN K R, SUGATHAN P, 2016. Drivers of user engagement in eWoM communication [J]. Journal of Services Marketing, 30 (5): 541-553.

ROVAI A P, 2002. Sense of community, perceived cognitive learning, and persistence in asynchronous learning networks [J]. The Internet and Higher Education, 5 (4): 319-332.

ROY S K, SHEKHAR V, LASSAR W M, et al., 2018. Customer engagement behaviors: The role of service convenience, fairness and quality [J]. Journal of Retailing and Consumer Services, 44: 293-304.

RUGGIERO T E, 2000. Uses and gratifications theory in the 21st century [J]. Mass Communication & Society, 3 (1): 3-37.

RUPIK K, 2015. Customer Engagement Behaviour in the Fashion Industry[C]//International

Conference on Marketing and Business Development. Bucharest University of Economic Studies Publishing House, 1（1）：338-346.

RYU G, FEICK L, 2007. A Penny for Your Thoughts：Referral Reward Programs and Referral Likelihood [J]. Journal of Marketing, 71（1）：84-94.

SABATE F, BERBEGAL-MIRABENT J, CAÑABATE A, et al., 2014. Factors influencing popularity of branded content in Facebook fan pages [J]. European Management Journal, 32（6）：1001-1011.

SASHI C M, 2012. Customer engagement, buyer-seller relationships, and social media [J]. Management Decision, 50（2）：253-272.

SCHAUFELI W B, MARTINEZ I M, PINTO A M, et al., 2002. Burnout and engagement in university students：A cross-national study [J]. Journal of Cross-cultural Psychology, 33（5）：464-481.

SCHULTZ C D, 2017. Proposing to your fans：Which brand post characteristics drive consumer engagement activities on social media brand pages [J]? Electronic Commerce Research and Applications, （26）：23-34.

SCHULZE C, SCHÖLER L, SKIERA B, 2014. Not All Fun and Games：Viral Marketing for Utilitarian Products [J]. Journal of Marketing, 78（1）：1-19.

SEDLEY R, 2010. 4th Annual Online Customer Engagement Report 2010[R/OL]. https：//www. doc88.com/p-076198545064.html .

SHANG S S C, WU Y L, LI E Y, 2017. Field effects of social media platforms on information-sharing continuance: Do reach and richness matter? [J]. Information & Management, 54（2）：241-255.

SHEN X L, LI Y J, SUN Y, et al., 2019. Understanding the role of technology attractiveness in promoting social commerce engagement：Moderating effect of personal interest [J]. Information & Management, 56（2）：294-305.

SHETH J N, NEWMAN B I, GROSS B L, 1991. Why we buy what we buy：A theory of consumption values [J]. Journal of Business Research, 22（2）：159-170.

SHI X, ZHENG X B, YANG F, 2020. Exploring Payment Behavior for Live Courses in Social

Q&A Communities：An Information Foraging Perspective [J]. Information Processing & Management，57（4）：102241.

SKÅGEBY J，2007. Analytical dimensions for online gift giving：'Other-oriented' contributions in virtual communities [J]. International Journal of Web Based Communities，3（1）：55-68.

SO K K F，KING C，WANG Y，2016. The role of customer engagement in building consumer loyalty to tourism brands [J]. Journal of Travel Research，55（1）：64-78.

SOLEM B A A，PEDERSEN P E，2016. The effects of regulatory fit on customer brand engagement：an experimental study of service brand activities in social media [J]. Journal of Marketing Management，32（5-6）：445-468.

STEFAN S，LINH D X，2013. Emotions and Information Diffusion in Social Media—Sentiment of Microblogs and Sharing Behavior [J]. Journal of Management Information Systems，29（4）：217-248.

SU L Y，ZHANG R J，LI Y，et al.，2018. What drives trust in online paid knowledge? The role of customer value [C] // PACIS 2018 Proceedings，38.

SUL H，DENNIS A R，YUAN L I，2014. Trading on Twitter：The Financial Information Content of Emotion in Social Media [C] // Hawaii International Conference on System Sciences. IEEE：806-815.

SUN Y，DONG X，MCINTYRE S，2017. Motivation of user-generated content：Social connectedness moderates the effects of monetary rewards [J]. Marketing Science，36（3）：329-337.

SUN J，FU X，CAI S，et al.，2018. Dynamic optimal pricing strategies for knowledge- sharing platforms[C]// PACIS 2018 Proceedings：272.

SUN Y，SHAO X，LI X，et al.，2019. How live streaming influences purchase intentions in social commerce：An IT affordance perspective [J]. Electronic Commerce Research and Applications，（37）：100886.

SWEENEY J C，SOUTAR G N，2001. Consumer perceived value：The development of a multiple item scale [J]. Journal of Retailing，77（2）：203-220.

THALER R，1985. Mental accounting and consumer choice [J]. Marketing Science，4（3）：199-214.

THOMSEN S R, STRAUBHAAR J D, BOLYARD D M, 1998. Ethnomethodology and the study of online communities: exploring the cyber streets [J]. Information research, 4 (1): 4-1.

TONG Y, WANG X, TEO H H, 2007. Understanding the intention of information contribution to online feedback systems from social exchange and motivation crowding perspectives[C]// 40th Annual Hawaii International Conference on System Sciences (HICSS'07). IEEE.

TSAI J C A, KANG T C, 2019. Reciprocal intention in knowledge seeking: Examining social exchange theory in an online professional community [J]. International Journal of Information Management, (48): 161-174.

TSAI W-H S, LINJUAN R M, 2013. Motivations and antecedents of consumer engagement with brand pages on social networking sites [J]. Journal of Interactive Advertising, 13 (2): 76-87.

UL I J, RAHMAN Z, HOLLEBEEK L, 2017. Personality factors as predictors of online consumer engagement: An empirical investigation [J]. Marketing Intelligence & Planning, 35 (4): 510-528.

VAN DOORN J, LEMON K N, MITTAL V, et al., 2010. Customer engagement behavior: Theoretical foundations and research directions [J]. Journal of Service Research, 13 (3): 253-266.

VERHAGEN T, SWEN E, FELDBERG F, et al., 2015. Benefitting from virtual customer environments: An empirical study of customer engagement [J]. Computers in Human Behavior, (48): 340-357.

VERHOEF P C, LEMON K N, PARASURAMAN A, et al., 2009. Customer experience creation: Determinants, dynamics and management strategies [J]. Journal of Retailing, 85 (1): 31-41.

VILNAI-YAVETZ I, LEVINA O, 2018. Motivating social sharing of e-business content: Intrinsic motivation, extrinsic motivation, or crowding-out effect [J]? Computers in Human Behavior, 79: 181-191.

VISWANATHAN V, HOLLEBEEK L D, MALTHOUSE E C, et al., 2017. The dynamics of consumer engagement with mobile technologies [J]. Service Science, 9 (1): 36-49.

VIVEK S D, 2009. A scale of consumer engagement[D]. Tuscaloosa: The university of Alabama.

VIVEK S D, BEATTY S E, MORGAN R M, 2012. Customer engagement: Exploring customer relationships beyond purchase [J]. Journal of Marketing Theory and Practice, 20（2）: 122-146.

VOSS K E, 2003, Spangenberg E R, Grohmann B. Measuring the Hedonic and Utilitarian Dimensions of Consumer Attitude [J]. Journal of Marketing Research, 40（3）: 310-320.

WAN J L, LU Y B, WANG B, et al., 2017. How attachment influences user' willingness to donate to content creators in social media: A socio-technical systems perspective [J]. Information & Management, 54（7）: 837-850.

WANG H Y, LIAO C, YANG L H, 2013. What affects mobile application use? The roles of consumption values [J]. International Journal of Marketing Studies, 5（2）: 11-22.

WANG T, YEH R K J, CHEN C, et al., 2016. What drives electronic word-of-mouth on social networking sites? Perspectives of social capital and self-determination [J]. Telematics and Informatics, 33（4）: 1034-1047.

WEATHERS D, SIEMENS J C, 2018. Measures of state self-control and its causes for trackable activities [J]. Journal of Business Research, 93（8）: 1-11.

WHITING A, WILLIAMS D, 2013. Why people use social media: A uses and gratifications approach [J]. Qualitative Market Research: An International Journal, 16（4）: 362-369.

WIRTZ J, CHEW P, 2002. The effects of incentives, deal proneness, satisfaction and tie strength on word-of-mouth behavior [J]. International Journal of Service Industry Management, 13（2）: 141-162.

WOLD H, 1966. Estimation of principal components and related models by iterative least squares [J]. Multivariate Analysis: 391-420.

WOLFINBARGER M F, YALE L J, 1993. Three motivations for interpersonal gift giving: experiental, obligated and practical motivations [J]. ACR North American Advances, 20（1）: 520-526.

WONGKITRUNGRUENG A, ASSARUT N, 2020. The role of live streaming in building consumer trust and engagement with social commerce sellers [J]. Journal of Business Research, 117（9）: 543-556.

YAN B, JIAN L, 2017. Beyond Reciprocity: The Bystander Effect of Knowledge Response in Online Knowledge Communities [J]. Computers in Human Behavior, （76）: 9-18.

YAN Z, WANG T, CHEN Y, et al., 2016. Knowledge sharing in online health communities: A social exchange theory perspective [J]. Information & Management, 53 (5): 643-653.

YANG M, REN Y, ADOMAVICIUS G, 2019. Understanding user-generated content and customer engagement on Facebook business pages [J]. Information Systems Research, 30 (3): 839-855.

YANG X, YE H J, 2019. Commercialized Content on Social Media Platforms: Exploring the Drivers of the Viewership of Paid Q&A [C] // Proceedings of the 52nd Hawaii International Conference on System Sciences.

YAP K B, BUDI S, SWEENEY J C, 2013. The relationship between electronic word-of-mouth motivations and message characteristics: The sender's perspective [J]. Australasian Marketing Journal, 21 (1): 66-74.

YEH Y H, CHOI S M, 2011. MINI-lovers, maxi-mouths: An investigation of antecedents to eWOM intention among brand community members [J]. Journal of Marketing Communications, 17 (3), 145-162.

ZAICHKOWSKY J L, 1985. Measuring the involvement construct [J]. Journal of Consumer Research, 12 (3): 341-352.

ZEITHAML V A, 1988. Consumer Perceptions of Price, Quality, and Value: A Means-End Model and Synthesis of Evidence [J]. Journal of Marketing, 52 (3): 2-22.

ZHANG JIN, ZHANG J, ZHANG M, 2019. From free to paid: Customer expertise and customer satisfaction on knowledge payment platforms [J]. Decision Support Systems, (8): 113140.

ZHANG K Z K, BENYOUCEF M, 2016. Consumer behavior in social commerce: A literature review [J]. Decision Support Systems, 86 (4): 95-108.

ZHANG L, PENG T Q, ZHANG Y P, et al., 2014. Content or context: Which matters more in information processing on microb- logging sites [J]. Computers in Human Behavior, 31 (2): 242-249.

ZHANG TINGTING, PEI ZH, LU L, 2019. Service encounter value and online engagement behaviors [J]. International Journal of Hospitality Management: 102338.

ZHAO L, DETLOR B, CONNELLY C E, 2016. Sharing knowledge in social Q&A sites: the unintended consequences of extrinsic motivation [J]. Journal of Management Information Systems, 33（1）: 70-100.

ZHAO Y, WU L, ZHAO Y, et al., 2018. What Factors Will Determine User' Knowledge Payment Decision? A Theoretical and Empirical Research [C] // Proceedings of the 17th Wuhan International Conference on E-Business. Wuhan: 52.

ZHAO YANG, ZHAO Y, YUAN X, et al., 2018. How knowledge contributor characteristics and reputation affect user payment decision in paid Q&A? An empirical analysis from the perspective of trust theory [J]. Electronic Commerce Research and Applications, 31: 1-11.

ZHENG X, CHEUNG C M K, LEE M K O, et al., 2015. Building brand loyalty through user engagement in online brand communities in social networking sites [J]. Information Technology & People, 28（1）: 90-106.

ZHENG Y, ZHANG X, XIAO Y, et al., 2018. Making the most costeffective decision in online paid qa community: An expert recommender system with motivation modeling and knowledge pricing [C] // Companion of the Web conference 2018. Switzerland: International World Wide Web Conferences Steering Committee: 365-372.

ZHU X, ZHANG W, 2019. An Empirical Research on the Effect of Free Knowledge in the Knowledge Payment Platform [C] // Proceedings of the 2019 2nd International Conference on Information Management and Management Sciences. ACM.